ECONOMIA SOLIDÁRIA E ARTE
EXPERIÊNCIAS PARA REIMAGINAR
O TRABALHO PLATAFORMIZADO

Editora Appris Ltda.
1.ª Edição - Copyright© 2025 dos autores
Direitos de Edição Reservados à Editora Appris Ltda.

Nenhuma parte desta obra poderá ser utilizada indevidamente, sem estar de acordo com a Lei nº 9.610/98. Se incorreções forem encontradas, serão de exclusiva responsabilidade de seus organizadores. Foi realizado o Depósito Legal na Fundação Biblioteca Nacional, de acordo com as Leis nos 10.994, de 14/12/2004, e 12.192, de 14/01/2010.

Catalogação na Fonte
Elaborado por: Dayanne Leal Souza
Bibliotecária CRB 9/2162

B242e 2025	Barcellos, Victor Economia solidária e arte: experiências para reimaginar o trabalho plataformizado / Victor Barcellos. – 1. ed. – Curitiba: Appris, 2025. 215 p. ; 23 cm. – (Coleção Ciências da Comunicação). Inclui referências. ISBN 978-65-250-7804-5 1. Economia solidária. 2. Arte. 3. Plataformas digitais. 4. Cooperativismo de trabalho. 5. Trabalho artístico. I. Barcellos, Victor. II. Título. III. Série. CDD – 302.2

Livro de acordo com a normalização técnica da ABNT

Appris editorial

Editora e Livraria Appris Ltda.
Av. Manoel Ribas, 2265 – Mercês
Curitiba/PR – CEP: 80810-002
Tel. (41) 3156 - 4731
www.editoraappris.com.br

Printed in Brazil
Impresso no Brasil

Victor Barcellos

ECONOMIA SOLIDÁRIA E ARTE
EXPERIÊNCIAS PARA REIMAGINAR
O TRABALHO PLATAFORMIZADO

Appris
editora

Curitiba, PR
2025

FICHA TÉCNICA

EDITORIAL
Augusto Coelho
Sara C. de Andrade Coelho

COMITÊ EDITORIAL E CONSULTORIAS
Ana El Achkar (Universo/RJ)
Andréa Barbosa Gouveia (UFPR)
Antonio Evangelista de Souza Netto (PUC-SP)
Belinda Cunha (UFPB)
Délton Winter de Carvalho (FMP)
Edson da Silva (UFVJM)
Eliete Correia dos Santos (UEPB)
Erineu Foerste (Ufes)
Fabiano Santos (UERJ-IESP)
Francinete Fernandes de Sousa (UEPB)
Francisco Carlos Duarte (PUCPR)
Francisco de Assis (Fiam-Faam-SP-Brasil)
Gláucia Figueiredo (UNIPAMPA/ UDELAR)
Jacques de Lima Ferreira (UNOESC)
Jean Carlos Gonçalves (UFPR)
José Wálter Nunes (UnB)
Junia de Vilhena (PUC-RIO)

Lucas Mesquita (UNILA)
Márcia Gonçalves (Unitau)
Maria Margarida de Andrade (Umack)
Marilda A. Behrens (PUCPR)
Marília Andrade Torales Campos (UFPR)
Marli C. de Andrade
Patrícia L. Torres (PUCPR)
Paula Costa Mosca Macedo (UNIFESP)
Ramon Blanco (UNILA)
Roberta Ecleide Kelly (NEPE)
Roque Ismael da Costa Güllich (UFFS)
Sergio Gomes (UFRJ)
Tiago Gagliano Pinto Alberto (PUCPR)
Toni Reis (UP)
Valdomiro de Oliveira (UFPR)

SUPERVISORA EDITORIAL
Renata C. Lopes

PRODUÇÃO EDITORIAL
Bruna Holmen

REVISÃO
Revisado com IA.

DIAGRAMAÇÃO
Luciano Popadiuk

CAPA
Eneo Lage

REVISÃO DE PROVA
Daniela Nazario

COMITÊ CIENTÍFICO DA COLEÇÃO CIÊNCIAS DA COMUNICAÇÃO

DIREÇÃO CIENTÍFICA
Francisco de Assis (Fiam-Faam-SP-Brasil)

CONSULTORES
Ana Carolina Rocha Pessôa Temer (UFG-GO-Brasil)
Antonio Hohlfeldt (PUCRS-RS-Brasil)
Carlos Alberto Messeder Pereira (UFRJ-RJ-Brasil)
Cicilia M. Krohling Peruzzo (Umesp-SP-Brasil)
Janine Marques Passini Lucht (ESPM-RS-Brasil)
Jorge A. González (CEIICH-Unam-México)
Jorge Kanehide Ijuim (Ufsc-SC-Brasil)
José Marques de Melo (*In Memoriam*)
Juçara Brittes (Ufop-MG-Brasil)
Isabel Ferin Cunha (UC-Portugal)
Márcio Fernandes (Unicentro-PR-Brasil)
Maria Ataíde Malcher (UFPA-PA-Brasil)

Maria Berenice Machado (UFRGS-RS-Brasil)
Maria das Graças Targino (UFPI-PI-Brasil)
Maria Elisabete Antonioli (ESPM-SP-Brasil)
Marialva Carlos Barbosa (UFRJ-RJ-Brasil)
Osvando J. de Morais (Unesp-SP-Brasil)
Pierre Leroux (Iscea-UCO-França)
Rosa Maria Dalla Costa (UFPR-PR-Brasil)
Sandra Reimão (USP-SP-Brasil)
Sérgio Mattos (UFRB-BA-Brasil)
Thomas Tufte (RUC-Dinamarca)
Zélia Leal Adghirni (UnB-DF-Brasil)

Uma flor que dura apenas uma noite nem por isso nos parece menos bela. Tampouco posso compreender melhor por que a beleza e a perfeição de uma obra de arte ou de uma realização intelectual deveriam perder seu valor devido à sua limitação temporal. Realmente, talvez chegue o dia em que os quadros e estátuas que hoje admiramos venham a ficar reduzidos a pó, ou que nos possa suceder uma raça de homens que venha a não mais compreender as obras de nossos poetas e pensadores, ou talvez até mesmo sobrevenha uma era geológica na qual cesse toda vida animada sobre a Terra; visto, contudo, que o valor de toda essa beleza e perfeição é determinado somente por sua significação para nossa própria vida emocional, não precisa sobreviver a nós, independendo, portanto, da duração absoluta.

(Sobre a Transitoriedade – Sigmund Freud)

AGRADECIMENTOS

Agradeço à minha família, por ter sempre apoiado meus estudos. Ao amigo Rafael Grohmann, por acompanhar minha trajetória desde o início. E à minha companheira Marcella Lobato, por dividir a vida comigo.

Aos criadores de novos mundos.

APRESENTAÇÃO

A presente obra parte da constatação da existência de um movimento emergente de experiências que, baseadas na cooperação e na solidariedade, criaram plataformas alternativas de organização do trabalho artístico. Meu objetivo central foi conhecer essas iniciativas e analisar suas condições de possibilidade na criação de formas mais justas e democráticas de organizar o trabalho.

De início, esbocei um mapeamento exploratório de projetos ao redor do mundo ligados ao cooperativismo e à economia solidária, que resultou na identificação e análise de cento e treze iniciativas. Em seguida, realizei entrevistas em profundidade com oito desses projetos para conhecer mais profundamente seus modelos de governança e colher suas perspectivas sobre seu campo de atuação. Então, a partir do cruzamento entre os dados obtidos e da revisão bibliográfica, teci reflexões sobre temas como trabalho artístico, plataformização do trabalho, economia solidária, cooperativismo e modelos de governança.

A trajetória de escrita da presente obra, derivada da tese de doutorado aprovada no Programa de Pós-graduação em Comunicação e Cultura da Escola de Comunicação da Universidade Federal do Rio de Janeiro (PPGCOM ECO-UFRJ), sob orientação do Prof. Dr. Henrique Antoun, mescla-se com uma série de oportunidades profissionais que forneceram insumos valiosos para sua escrita. Em primeiro lugar, no Instituto de Tecnologia e Sociedade (ITS Rio), que me ofereceu autonomia e apoio para desenvolver um projeto de um ano sobre o tema. Como principais entregáveis do projeto, posso citar a realização do curso "Cooperativismo de Plataforma: novos modelos para o futuro da economia"[1], do evento online "Cooperativismo de Plataforma no Brasil"[2], a tradução e publicação do relatório de autoria de Rafael Zanatta "Cooperativismo de Plataforma no Brasil: Dualidades, Diálogos e Oportunidades"[3], e a realização da 7ª edição do evento presencial internacional Conferência Internacional de

---

[1] Disponível em: https://itsrio.org/pt/cursos/curso-online-cooperativismo-de-plataforma-novos-modelos--para-o-futuro-da-economia/. Acesso em: 2 ago. 2023.

[2] Disponível em: https://www.youtube.com/watch?v=UQGcsEqQhTc. Acesso em: 2 ago. 2023.

[3] Disponível em: https://itsrio.org/pt/publicacoes/cooperativismo-de-plataforma-no-brasil-dualidades-dialogos-e-oportunidades/. Acesso em: 2 ago. 2023.

Cooperativismo de Plataforma[4]. Ademais, por conta da projeção alcançada com o projeto, tive a chance de disseminar o conceito em entrevistas, podcasts, *lives* e outros conteúdos.

Além disso, tive o prazer de fazer parte da turma 2022-2023 de fellowship do Institute for Cooperative Digital Economy (ICDE)[5] do Platform Cooperativism Consortium (PCC) da The New School – NY. Tal programa, promovido pela principal organização internacional sobre o tema, seleciona anualmente atores de diversas partes do mundo para desenvolverem uma pesquisa de um ano sobre alguma das interfaces da economia digital cooperativa. Em maio de 2023, liderei como proponente a organização do workshop "Governança das plataformas de trabalho: modelos para uma economia digital mais justa, democrática e inclusiva"[6] no Fórum da Internet do Brasil (FIB) do Comitê Gestor da Internet (CGI.br), um dos principais espaços de discussão nacional sobre a governança e regulação da internet.

Por fim, preciso mencionar a oportunidade de discutir a presente pesquisa no Seminário Presencial "Cooperativismo de Plataforma e Políticas Públicas" do Laboratório DigiLabour (Porto Alegre, 2022) e no evento "Building Solidarity on Community-led Data Governance" do CIFAR (Londres, 2024). Todos esses espaços possibilitaram que o desenvolvimento desta obra fosse realizado de forma aberta e em diálogo, fazendo com que seus achados fossem compartilhados ao longo do caminho – e não apenas em seu produto final.

Desde a conclusão da escrita do livro, três acontecimentos no campo em que este se situa precisam ser destacados. Primeiro, a publicação da obra *Economia solidária digital*[7] por uma colaboração entre o Laboratório de Pesquisa DigiLabour, a Fundação Rosa Luxemburgo e o Ministério do Trabalho e Emprego (MTE). Segundo, a publicação do decreto de lei nº 15.068[8] que cria o Sistema Nacional de Economia Solidária, qualifica os empreendimentos de economia solidária e dispõe sobre a Política Nacional

---

[4] Disponível em: https://platform.coop/events/owning-the-future-sustainably-scaling-cooperatives-in-the--digital-economy/. Acesso em: 2 ago. 2023.

[5] Disponível em: https://platform.coop/blog/announcing-the-2022-2023-fellowship-cohort-of-the-institute-of-the-cooperative-digital-economy-at-the-new-school/. Acesso em: 2 ago. 2023.

[6] Disponível em: https://www.youtube.com/watch?v=LYsuEomhfzA. Acesso em: 2 ago. 2023.

[7] Disponível em: https://www.gov.br/trabalho-e-emprego/pt-br/noticias-e-conteudo/2024/Agosto/mte-apoia--livro-sobre-politicas-sociais-de-economia-solidaria-digital. Acesso em: 23/12/2024.

[8] Disponível em: https://www.in.gov.br/en/web/dou/-/lei-n-15.068-de-23-de-dezembro-de-2024-603825378. Acesso em: 27 dez. 2024.

de Economia Solidária. Terceiro, a criação da Subvert Cooperative[9], uma cooperativa de músicos com um plano para uma Internet de propriedade de artistas. A iniciativa já conta com quase 2.000 membros-proprietários e constitui uma plataforma onde artistas e gravadoras podem vender músicas diretamente para seus apoiadores. Tais reverberações das ideias aqui discutidas reforçam nossa tese sobre a potência da união entre economia solidária, tecnologia e arte para fomentar a reimaginação do trabalho em plataformas digitais.

Como principal resultado da investigação, encontrei a instigante proposição de uma relação entre organização do trabalho e criação artística. Boa leitura!

O autor

---

[9] Disponível em: https://subvert.fm/. Acesso em: 23 dez. 2024.

PREFÁCIO

O trabalho nas áreas de cultura e artes sempre foi um pouco experimental. Por um lado, isso significa uma profunda informalidade, vidas recheadas de incertezas – uma verdadeira antessala para a flexibilização geral no mundo do trabalho. Eram freelancers antes de se tornarem uma moda, um laboratório do capital incrustado nos artistas. Por outro lado, as inovações em termos de tecnologia e trabalho emergem nesses setores. As tecnologias musicais, cinematográficas e visuais podem nos levar a experiências sensoriais, estéticas e políticas fabulosas e inigualáveis. Da mesma forma, seja por prazer ou sobrevivência – ou ambos – trabalhadores nas artes e na cultura aprenderam a construir formas coletivas de organização.

Podem os artistas ser os pontas de lança na busca por outros sentidos na economia digital? Esta é a pergunta central deste livro de Victor Barcellos. Como podemos experimentar – ou melhor, fazer arte – na organização coletiva em um contexto de economia digital? Mais do que um apanhado de estudos de casos, esta obra é, sobretudo, uma convocação para repensarmos as bases do trabalho artístico em relação às potencialidades e aos limites de tecnologias como plataformas digitais.

Conheço Victor há mais de dez anos. Sua trajetória acadêmica é marcada por uma intensa curiosidade em relação ao papel da ciência no Brasil e no mundo, e como podemos fazer a pesquisa acadêmica circular em vários circuitos. Este livro é relevante para formuladores de políticas públicas, gestores culturais, artistas e ativistas. Sua leitura pode inspirar novas práticas no setor cultural, apontando possibilidades para a construção de plataformas democráticas e sustentáveis, geridas e controladas por seus próprios membros.

Victor Barcellos nos provoca a pensar: e se as organizações fossem concebidas como obras de arte? Confesso que a resposta para isso é muito difícil, especialmente no que diz respeito ao significado de pensar as organizações em um contexto capitalista. Talvez eu prefira as provocações da organização Disco.Coop: "Se eu não posso dançar, esta não é minha revolução". A crise na resistência anticapitalista também é estética, e é preciso incentivar o desejo, a imaginação e a construção de futuros alternativos, digitais ou não.

A obra não se limita a expor as contradições do sistema atual; ela também aponta caminhos para alternativas concretas. Sua análise da articulação entre cooperativismo, economia solidária e trabalho artístico é uma contribuição única, especialmente ao examinar as nuances que diferenciam, mas também aproximam, esses conceitos. A economia solidária, articulada ao potencial de tecnologias ancoradas nos territórios, pode ser uma possibilidade para dançar artisticamente rumo a futuros coletivos. Mais do que entender organização e gestão como algo que vem somente de cima, Victor Barcellos nos leva a pensar em formas coletivas, colaborativas e comunitárias de organização. A chave para o setor está justamente neste organizar-se em um contexto de (des)(re)organização de tudo.

É também importante destacar a pertinência deste livro para o contexto brasileiro. Victor Barcellos analisa experiências de várias partes do mundo, especialmente do Norte Global, mas a partir da perspectiva de um pesquisador na América Latina, em uma articulação Sul-Norte. Lembramos que o Brasil tem muito a oferecer ao debate internacional, especialmente no que tange às articulações entre economia solidária e tecnologias livres.

Ao longo das próximas páginas, você será convidado a refletir sobre temas como: O que é o trabalho artístico na contemporaneidade? Como a plataformização impacta as relações de produção e criação artística? Como a governança de baixo para cima pode inspirar modelos de organização mais democráticos e inclusivos no setor artístico? Como podemos reimaginar radicalmente a tecnologia e o trabalho no setor de artes e cultura?

Vamos à luta e à arte!

Rafael Grohmann

Professor de Estudos Críticos de Plataformas da Universidade de Toronto
e pesquisador associado da Universidade de Oxford

LISTA DE ABREVIATURAS E SIGLAS

ACI Aliança Cooperativa Internacional

DAO Decentralized Autonomous Organizations

DisCO Distributed Cooperative Organizations

ES Economia Solidária

FIB Fórum da Internet do Brasil

IA Inteligência Artificial

ICDE Institute for Cooperative Digital Economy

ITS Rio Instituto de Tecnologia e Sociedade do Rio de Janeiro

NFT Non-fungible tokens

OCB Organização das Cooperativas Brasileiras

PCC Platform Cooperativism Consortium

SUMÁRIO

INTRODUÇÃO 21

1

O ESTADO DA ARTE SOLIDÁRIA E COOPERATIVA....................... 33
  1.1. Mapa das iniciativas 44
  1.2. Análise das iniciativas 59

2

**OS *GIG WORKERS* ORIGINAIS – CAPITALISMO
E TRABALHO ARTÍSTICO** 79
  2.1. Fazer arte é trabalho?.. 80
  2.2. Capitalismo artístico 87
  2.3. (Est)ética: o papel dos artistas na economia 93
  2.4. Artista por amor... 96
  2.5. Autonomia ou incerteza? 100
  2.6. Plataformização do trabalho artístico........................... 106

3

**MUSAS INSPIRADORAS – ECONOMIA SOLIDÁRIA
E COOPERATIVISMO** 115
  3.1. Economia solidária e arte..118
  3.2. Cooperativismo e arte 129

4

A ARTE DA ORGANIZAÇÃO, A ORGANIZAÇÃO DA ARTE 151
  4.1. Governança de plataformas alternativas 154
  4.2. Processos de tomada de decisão................................... 158
  4.3. Formas de financiamento 164
  4.4. Infraestruturas tecnológicas 177

5

A ECONOMIA SOLIDÁRIA IRRESISTÍVEL............................... 185
  5.1. Groupmuse: sua sala é o palco 186
  5.2. Means TV: a Netflix dos trabalhadores 188

5.3. Unijazz Brasil: a união faz o jazz..191

5.4. Art.coop: a economia solidária irresistível 193

5.5. Stocksy United: o banco de imagens com artistas no foco...................195

5.6. Artisans Cooperative: o cooperativismo artesão 197

5.7. Cosmos Coop: a cosmogonia de universos cooperativos.....................199

5.8. DisCO.coop: hora de trocar o disco da economia...........................200

CONSIDERAÇÕES FINAIS...205

REFERÊNCIAS 209

INTRODUÇÃO[10]

Nós precisamos fazer nossos negócios e nossas organizações sem fins lucrativos tão radicais quanto as ideias nas nossas obras de arte.[11]

(Art.coop)

A expressão "viver da própria arte" costuma gerar duas impressões bem distintas: ou o sujeito, por um misto de talento e sorte, tem uma carreira invejável de fama, dinheiro e poder; ou, por amor à arte e sua liberdade, aceita um estilo de vida precário e incorpora o estereótipo do "artista faminto" (*starving artist*). Costuma-se ter pouca margem: os artistas são aqueles que possuem uma vida digna de inveja ou compaixão. Apesar da grande multidão oculta abaixo do topo da pirâmide do mercado artístico, a profissão de *artista* segue representando um ideal de vida, até mesmo para aqueles que não têm a pretensão de trabalhar nela. Porém, para a maioria, a arte não consegue ocupar um espaço maior em suas vidas do que um *hobby*, um *gig* entre o "*9 to 5*"[12]. Ocultas nas altas cifras de poucos, encontram-se as baixas cifras de muitos.

Produzir arte não costuma, inclusive, ser visto como um trabalho de fato. Tem-se a impressão de que é um *hobby* que, para um grupo seleto de pessoas privilegiadas que, por um "alinhamento astral" entre talento, esforço, oportunidade, networking e carisma; têm a sorte de poder viver de sua criação. Todo artista que pretende fazer da arte sua carreira aguarda pelo grande hit que será a reviravolta de sua vida, vê-se "a apenas um bico do grande sucesso que finalmente nos separará do pacote"[13]. No entanto, "trabalho" consiste, na subjetividade contemporânea, nas atividades que demandam alto esforço físico ou mental/racional, e não aquelas centradas na criatividade. Mesmo os artistas, que muitas vezes compram esse discurso, não costumam se ver propriamente como trabalhadores.

---

[10] O presente trabalho foi realizado com apoio da Coordenação de Aperfeiçoamento de Pessoal de Nível Superior – Brasil (Capes) – Código de Financiamento 001.

[11] "We need to make our businesses and our nonprofits as radical as the ideas in our artworks". Tradução nossa.

[12] A expressão "*gig economy*", ou "economia de bicos", remete a trabalhos marcados pela precarização e informalidade, como os realizados por entregadores e motoristas de aplicativo. Já "*9 to 5*" é uma expressão usada para se referir a um emprego formal, geralmente com carga horária entre 9h e 17h.

[13] Disponível em: https://www.anticapitalismforartists.com/manifesto. Acesso em: 11 nov. 2023.

Hoje em dia, fala-se cada vez mais em *gig economy* ou "economia de bicos". Também se discute como profissões consideradas tradicionais estão aderindo a uma lógica chamada "uberizada". No entanto, como tem sido comum afirmar nesses círculos, "os artistas são os trabalhadores de bico originais". De certa forma, o trabalho artístico sempre foi "de bico" – contratos intermitentes, precificados por projeto (e não por renda mensal) e uma relação empresa-empresa (ainda que, na ponta, a "empresa" seja um artista individual). O trabalho artístico foi o laboratório inicial da chamada *gig economy*, onde a contradição entre autonomia e precarização é mais evidente.

> O trabalho do artista é frequentemente analisado privilegiando-se sua performance ou obra [...]. No entanto, as relações de trabalho e profissionais, implícitas nestes processos, são pouco analisadas e contextualizadas (Segnini, 2006, p. 321).

A fragilidade do setor artístico se evidenciou ainda mais durante o período da pandemia de Covid-19. Sendo considerado um setor "não essencial" para a sociedade, um item de consumo prescindível e profundamente dependente de encontros presenciais (shows, museus, exposições, entre outros), foi um dos mais afetados economicamente pelo isolamento social. Com isso, a grande maioria dos artistas se viu diante das opções: plataformizar-se para seguir em diálogo e monetizar sua audiência, complementar a renda com outros bicos ou desistir (temporariamente ou permanentemente) da profissão.

Compreender o trabalho artístico na atualidade exige também um mergulho em seu processo de plataformização. A plataformização tem se consolidado como uma tendência geral para o trabalho no século XXI nos mais diversos setores da economia. A grande maioria das cadeias de produção passa hoje, em alguma medida, por uma plataforma digital, até mesmo nos setores mais tradicionais. Deste modo, um modelo de negócios recente, que nasce em um contexto muito específico e em segmentos particulares, tem se expandido na tentativa de se consolidar como o novo paradigma para o trabalho mundial.

O processo de plataformização, todavia, não pode ser entendido apenas como a adoção de plataformas digitais que intermediam as relações econômicas entre trabalhadores e consumidores. Trata-se de um processo mais amplo que afeta todas as esferas do social, reorganizando os regimes de trabalho e a própria circulação de capital. Assim, para captar seus múltiplos efeitos, não basta perguntar quais são as implicações de um artista passar a comercializar suas obras por meio de uma plataforma. É preciso enfrentar questões ainda mais complexas, como de que modos a plataformização afeta até mesmo o que se entende por artista.

> A plataformização, por sua vez, significa um foco mais detido nas plataformas digitais: como a introdução de plataformas digitais se relaciona com transformações e permanências no mundo do trabalho? Assim, o foco está em compreender como a dependência de plataformas para executar atividades de trabalho altera diferentes domínios da vida social, ampliando formas de subordinação e exploração em linha com necessidades do capital. Dessa forma, analisar a plataformização não significa somente compreender essa dependência, mas também os seus sentidos em relação a mudanças mais amplas. (Grohmann; Salvagni, 2023, p. 37).

Apesar de se observar o caráter expansionista da plataformização, a compreensão de seus efeitos exige uma análise localizada, capaz de observar seus impactos em segmentos específicos. Notei que os trabalhadores do setor artístico encontram-se em uma situação contraditória: por um lado, as plataformas proporcionaram a eles mais autonomia, reduziram barreiras de entrada e ampliaram seu público potencial. Por outro, tornaram-se extremamente dependentes delas, tendo que adequar sua produção à performance algorítmica e recebendo rendimentos ínfimos e pouco transparentes. Devido à tendência monopolística das plataformas, os artistas se veem obrigados a se alienar de suas obras para suas empresas detentoras e a aceitar suas regras, a fim de tornar suas criações acessíveis ao público e conseguir remuneração por seu trabalho.

O fenômeno da plataformização contém também potenciais reapropriações capazes de dar mais autonomia e melhores condições aos trabalhadores da arte. As plataformas digitais retiraram barreiras de entrada e diminuíram os custos de produção e circulação de suas obras, tornando o caminho mais aberto para novos entrantes viverem de sua criação. Deste modo, cabe aos criadores de todos os tipos imaginar e construir novas formas de organização do trabalho artístico que combatam sua dupla alienação: dos outros trabalhadores, ao formar laços de solidariedade e cooperação; e de suas obras, em sinergia com os movimentos pela cultura livre, que reivindicam o acesso aberto aos bens culturais.

Apesar dessa precária condição, os artistas desempenham uma função importantíssima na sociedade, possuindo um papel central nos processos de produção da nossa subjetividade. Quem somos, o que fazemos e o que queremos passam pelas representações consumidas em forma de arte. Por isso, ao aderirem à ideologia neoliberal, contribuem para sua reprodução e expansão para outras esferas. O espírito crítico das artes está em baixa; temos a impressão de que a maior parte dos artistas jogou a toalha e aceitou se conformar ao sistema. E quando se encontra alguma crítica em suas obras, raramente a causa motivadora é a denúncia da exploração. É comum vermos artistas apoiando causas como o meio ambiente, mas é raro que se engajem na luta por melhores condições de trabalho. Porém, ao tomarem consciência da exploração a que eles e outros trabalhadores são submetidos, podem constituir uma importante força de transformação.

> Quer a ironia que as artes que, desde há dois séculos, têm cultivado uma oposição radical em relação a um mercado todo-poderoso apareçam como precursoras na experimentação da flexibilidade, ou até da hiperflexibilidade. (Menger, 2005, p. 109).

A figura do artista, historicamente, sempre foi associada à resistência. Existe sobre eles a expectativa de que desempenhem o papel de resistir ao poder, à exploração e ao conservadorismo. Apesar de haver considerável literatura que afirma serem a principal expressão do trabalho precarizado contemporâneo, De Peuter (2014) argumenta que essa concepção oculta sua capacidade de contestar as forças da exploração do trabalho. Porém, dei um passo além: defendo que os artistas possuem a capacidade não apenas de resistir, mas de criar alternativas. A iniciativa Art.coop, neste trabalho analisada, defende o modelo "Resistir e construir" (*Resist and build*). Para eles, os movimentos e coletivos de trabalhadores culturais possuem dois trabalhos distintos, mas complementares: o de *resistir* e o de *construir*. Seu papel de resistência já foi amplamente discutido em inúmeras esferas; minha intenção aqui é enfatizar o outro verbo da expressão, que costuma receber menos atenção: *construir*.

Atualmente, diversas comunidades de artistas se inspiram no movimento do cooperativismo e da economia solidária para prototipar arranjos alternativos de governança do trabalho artístico. Com significativas diferenças entre si – desde inspirações conceituais, regime jurídico e modelos

quantidade? Como é a sua distribuição geográfica? Como se descrevem? A qual ramo artístico estão ligadas suas atividades?

Para identificá-las, utilizei principalmente as fontes listadas a seguir: comecei pelo Platform Coop Directory[17], principal diretório internacional de iniciativas ligadas ao cooperativismo de plataforma, desenvolvido pelo Platform Cooperativism Consortium (PCC)[18]; e a lista do Art.coop[19] de grupos e iniciativas de arte e cultura ligadas à economia solidária. Em seguida, incorporei os projetos que foram descobertas ao longo do processo da pesquisa, como em citações na pesquisa bibliográfica, no programa de eventos do campo e marcações nas redes sociais. Por fim, complementei o processo de busca com uma pesquisa "em rede", na qual pedi para cada organização entrevistada que indicasse outras organizações conhecidas por elas que apresentam este perfil. O mapeamento completo é exploratório não se pretende definitivo e exaustivo por ser um campo bastante dinâmico, além de limitações como as de tempo, recursos, língua e dinamicidade das iniciativas. Porém, foi possível identificarmos cento e treze iniciativas capazes de fornecer dados relevantes para esta análise.

Após este mapeamento inicial dos coletivos existentes, parti para o estudo de múltiplos casos representativos a partir de seus discursos presentes em material documental obtido em suas páginas oficiais. Com foco nas páginas em que estes se apresentam e narram seu trabalho, observei os lugares de enunciação e as disputas de sentido presentes neles (Grohmann, 2019). Aqui, pretendo encontrar respostas para questionamentos tais como: qual categoria organizacional é usada para se auto-descrever? Quais são os produtos e serviços oferecidos? Quais são os seus principais números de impacto? Qual é a sua missão, visão e valores? Em quais outras empresas/organizações se inspiram e/ou se comparam?

Em seguida, realizei entrevistas com representantes de parte dessas iniciativas com o objetivo de colher informações para um entendimento mais aprofundado de suas inspirações conceituais, seus modelos de governança e suas perspectivas sobre os conceitos centrais desta pesquisa. As perguntas foram enviadas por escrito e respondidas individual ou coletivamente pelos trabalhadores dos coletivos, algumas delas demandando uma reunião online prévia de introdução. O roteiro das perguntas baseou-se

---

[17] Disponível em: https://directory.platform.coop/. Acesso em: 11 jul. 2022.

[18] Disponível em: https://platform.coop/. Acesso em: 11 jul. 2022.

[19] Disponível em: https://art.coop/. Acesso em: 1 ago. 2023.

de negócio – costumam compartilhar dois princípios fundamentais: a gestão coletiva e a propriedade compartilhada. Assim, nessas experiências, almeja-se que as decisões centrais sejam tomadas coletivamente e que a propriedade da organização (com todos os ativos e passivos que a compõem) seja distribuída entre todos os seus membros.

Meu interesse é analisar a "emergência de solidariedades e coletividades no âmbito do trabalho" (Grohmann, 2023, p. 448) como "políticas prefigurativas" (Monticelli, 2022) e como cultivadoras de uma "imaginação radical" (Haiven; Khasnabish, 2014). Por políticas prefigurativas, compreendo que experiências concretas e presentes prefiguram mundos virtuais desejados, abrindo o caminho para se tornarem atuais. O conceito, discutido por diversas perspectivas desde os anos 1970, ganhou novo fôlego recentemente e vem inspirando movimentos sociais e comunidades alternativas.

> Políticas prefigurativas visam imaginar, produzir e reproduzir – materialmente – novos sujeitos e subjetividades coletivas, novos modos democráticos de participação e novos processos de tomada de decisão – em outras palavras, novas formas de vida.[14] (Monticelli, 2022, p. 24).

Além disso, considerei tais experiências como cultivadoras de uma "imaginação radical" (Haiven; Khasnabish, 2014). Na definição dos autores, imaginar radicalmente é pensar de forma diferente e coletivamente sobre o modo como vivemos e existimos no mundo, além das possibilidades que se apresentam mais imediatamente. Todas as instituições, relações e formas de pensamento que habitamos no presente são imaginações radicais do passado que se cristalizaram. Essa proposta nos convoca a acender a faísca que produz novos mundos.

> Superficialmente, a imaginação radical é a capacidade de imaginar o mundo, a vida e as instituições sociais não como são, mas como poderiam ser de outra forma. É a coragem e a inteligência para reconhecer que o mundo pode e deve ser mudado. Mas a imaginação radical não consiste apenas em sonhar com futuros diferentes. Trata-se de trazer esses futuros possíveis "de volta" para trabalhar no presente,

---

[14] "Prefigurative politics aims to imagine, produce and reproduce – materially – new collective subjects and subjectivities, new democratic modes of participation and new decision-making processes – in other words, new forms of life". Tradução nossa.

para inspirar ações e novas formas de solidariedade hoje[15] (Haiven; Khasnabish, 2014, p. 2).

A imaginação radical também consiste em imaginar o presente de forma diferente. Representa a nossa capacidade de imaginar e fazer causa comum com as experiências de outras pessoas; sustenta a nossa capacidade de construir solidariedade através de limites e fronteiras, reais ou imaginárias. Sem a imaginação radical, ficamos apenas com os sonhos residuais dos poderosos, e para a grande maioria eles não são vividos como sonhos, mas como pesadelos de insegurança, precariedade, violência e desesperança. Sem a imaginação radical, estamos perdidos.[16] (Haiven; Khasnabish, 2014, p. 3).

Desse modo, diante da plataformização do trabalho artístico e das diversas frentes de resistência que se apresentam a ela (como a regulação do trabalho por plataformas, a organização coletiva dos trabalhadores e os movimentos sociais de luta por direitos), proponho-me a olhar para aqueles dedicados a construir alternativas. São grupos que, ao invés de exigir melhores condições das empresas-plataformas dominantes (seja via pressão pública ou incidência regulatória), estão dedicados a criar suas próprias, sobre as quais tenham propriedade e gestão. Não se trata, portanto, de analisar uma proposta teórica e utópica, mas sim de analisar as condições de possibilidade de iniciativas que buscam criar experiências alternativas de governança do trabalho artístico e que são capazes de inspirar modelos mais justos, democráticos e inclusivos para o trabalho em geral no século XXI.

Portanto, nesta obra, sustento que as experiências alternativas de governança do trabalho artístico representam um campo estratégico para a imaginação e a criação de novos arranjos do trabalho na economia digital. A potência criativa dos artistas é capaz não apenas de produzir obras de

---

[15] "On the surface level, the radical imagination is the ability to imagine the world, life and social institutions not as they are but as they might otherwise be. It is the courage and the intelligence to recognize that the world can and should be changed. But the radical imagination is not just about dreaming of different futures. It's about bringing those possible futures 'back' to work on the present, to inspire action and new forms of solidarity today". Tradução nossa.

[16] "The radical imagination is also about imagining the present differently too. It represents our capacity to imagine and make common cause with the experiences of other people; it undergirds our capacity to build solidarity across boundaries and borders, real or imagined. Without the radical imagination, we are left only with the residual dreams of the powerful, and for the vast majority they are not experienced as dreams but as nightmares of insecurity, precarity, violence and hopelessness. Without the radical imagination, we are lost". Tradução nossa.

arte, mas também de criar arranjos organizacionais mais democráticos e equitativos. No capitalismo, a arte serve aos negócios. Proponho inverter essa equação: que os negócios sirvam à arte. Exige-se que os artistas sejam empreendedores, que pensem suas obras como um empreendimento; por que não exigir, de modo contrário, que os empreendedores pensem seus negócios como obras de arte?

Optei por falar em "experiências" porque não se tratam propriamente de "modelos". As iniciativas estudadas não se propõem a ser uma fórmula a ser replicada universalmente, mas sim experimentações de como artistas podem se organizar de maneira diferente. Elas são "alternativas" na medida em que não se propõem a desempenhar um papel revolucionário ou reformador, mas sim a desenhar um caminho distinto. Usei o conceito de "governança" porque elas apresentam uma forma de governar as muitas dimensões envolvidas, em especial seus processos de tomada de decisões, suas formas de financiamento e suas infraestruturas tecnológicas. Por fim, falei em "trabalho artístico" para realçar a dimensão, por vezes esquecida, da produção artística: a de, propriamente, um trabalho.

Diante deste contexto e recorte, busquei responder ao seguinte problema de pesquisa: Como experiências alternativas de governança do trabalho artístico, baseadas na cooperação e na solidariedade, podem construir as condições de possibilidade para a criação de uma economia digital mais justa e democrática?

Além desse problema geral, busquei abordar as seguintes questões específicas: Quem são essas iniciativas? Quantas são e como se distribuem geograficamente? Quais conceitos, princípios e valores inspiram tais projetos? Quais são os efeitos da plataformização no trabalho artístico? Quais modelos de governança e financiamento são adotados para viabilizar sua existência e crescimento? Como a inteligência artificial e as tecnologias distribuídas, cada vez mais utilizadas na prática artística, são percebidas por elas?

De forma a proceder com tal investigação, baseei-me em uma metodologia que combina diferentes abordagens: pesquisa documental (*desk research*), análise de múltiplos casos e entrevistas. De início, realizei uma pesquisa documental de caráter exploratório com o objetivo de mapear iniciativas ao redor do mundo que se baseiam na cooperação e na solidariedade como elementos centrais. Nesta etapa, pretendo responder às perguntas: que projetos com esse perfil existem no mundo? Qual é a sua

ECONOMIA SOLIDÁRIA E ARTE

nas dimensões de análise que estruturam os capítulos da obra e serviu de insumo para os oito (8) casos analisados de forma distribuída neles.

Essas propostas têm apresentado crescente relevância tanto nos debates teóricos a respeito do trabalho na era digital quanto na inspiração de projetos reais de trabalhadores. Entretanto, seu debate permanece concentrado no norte global e há uma carência de pesquisas empíricas que observem suas dinâmicas concretas. Isso oferece a possibilidade de uma contribuição que traga um olhar do Sul Global e apresente uma análise empírica que fomente as discussões sobre o tema, ao indicar seus alcances e limites.

Formas alternativas de governança não são apenas um ideal; já constituem um movimento emergente de experiências múltiplas e diversas ao redor do mundo (alianças, comunidades, solidariedade entre classes, cooperativas, associações, coletivos etc.). Tais experiências se inspiram em diferentes movimentos e conceitos (cooperativismo e economia solidária, sociocracia, bens comuns culturais, economia feminista, entre outros) e apresentam variadas formas de financiamento (financiamento público, investimento privado, oferta de produtos e serviços, para citar algumas). Em vez da proposição de um modelo único, é preciso criar conexão e sinergia entre eles, de modo a potencializá-los.

Assim, a justificativa e a originalidade da presente obra encontram-se na proposição de uma análise das formas alternativas de organização do trabalho artístico a partir de conceitos de crescente relevância, que, todavia, ainda são pouco explorados na região e não apresentam investigações empíricas significativas. A hipótese sustentada é a de que essas experiências alternativas de governança do trabalho artístico constituem meios concretos para a imaginação e a criação de uma economia digital mais justa e democrática.

A estrutura da obra foi desenhada em capítulos temáticos que mesclam revisão de literatura, evidências empíricas e problematização. Assim, as definições teóricas dos principais estudiosos dos conceitos-chave trabalhados andarão lado a lado com a experiência prática daqueles que buscam construir alternativas concretas. Com isso, busquei dar concretude às discussões apresentadas e trazer uma visão multifocal de cada problemática discutida. Para tal, a análise se dividiu em três dimensões:

1. Capitalismo e artes, trabalho artístico e sua plataformização;

2. Conceitos, valores e princípios;

3. Processos de tomada de decisão, formas de financiamento e infraestruturas tecnológicas.

No primeiro capítulo do livro, apresento e analiso um mapa das experiências alternativas de governança do trabalho artístico encontradas. De início, detalho a metodologia adotada para o levantamento documental: quais as fontes dos dados obtidos, qual a definição de cada campo analisado e quais as opções escolhidas para cada campo. Então, analiso as experiências cartografadas a partir de cada um desses campos – categoria, tipo, atividade, país e página oficial – analisando os dados obtidos, buscando padrões e tecendo comentários reflexivos sobre eles.

No segundo capítulo, discuto o que é trabalho artístico, quais são suas particularidades e como ele se insere no contexto econômico mais amplo. Meu argumento é que esse grupo vivencia a precarização e a incerteza de modo intensificado, sendo originalmente afetado por lógicas de trabalho que se disseminam para os outros setores. Justamente por isso, constituem um campo potente para a imaginação e a criação de alternativas para a organização do trabalho na economia digital.

No terceiro capítulo, aprofundo as discussões sobre os conceitos, valores e princípios orientadores desses projetos, suas "musas inspiradoras". Mais especificamente, apresento e discuto os principais conceitos mobilizados pelas iniciativas: o cooperativismo e a economia solidária, bem como as variações e correntes internas desses movimentos. Apresento brevemente sua história e principais definições, e adentro na investigação sobre o lugar da arte dentro deles.

No quarto capítulo, dedico-me a estudar e discutir os modelos de governança, as formas de financiamento e as infraestruturas tecnológicas das iniciativas estudadas. Busco fornecer uma visão transversal de como tais organizações se organizam, se financiam e adotam a tecnologia, com o objetivo de ampliar a visibilidade de sua "arte da organização", fornecendo inspirações para a disseminação de formas criativas de organização baseadas na cooperação e na solidariedade. Pretendo observar como esses princípios se materializam na concretude das relações entre os trabalhadores, suas dinâmicas e suas técnicas. Além de prover um esquema dos modelos de governança atuais dessas organizações, aponto para possibilidades a serem exploradas por projetos futuros.

No quinto e último capítulo, apresento os casos ilustrativos das experiências que foram entrevistadas. São apresentadas as oito iniciativas que, dentre todas as cartografadas, foram selecionadas e aceitaram participar da entrevista em profundidade. Assim, apresento brevemente quem são e o que fazem, com o objetivo de oferecer ao leitor uma visão mais próxima e concreta das experiências analisadas, além de instigar sua imaginação para outras iniciativas possíveis. Este último capítulo busca mostrar exemplos práticos de como a arte pode tornar a economia solidária irresistível e inspirar empreendedores sociais, gestores públicos e a(r)tivistas na prefiguração de outros mundos do trabalho possíveis.

As experiências, conceitos e informações que compõem as páginas desta obra têm como objetivo último ajudar a manter acesa a chama da nossa imaginação por outros mundos possíveis. Se é por meio do trabalho que construí o mundo, cultivar formas criativas de organizá-lo é fundamental para que outros mundos possam se atualizar. Pretendo oferecer uma dose de "imaginação radical" (Haiven, Khasnabish, 2014) para a doença do "realismo capitalista" (Fischer, 2020), que fixa nosso olhar *no que é* e embaça a visão *do que pode ser*. Incentivar-nos a pensar não apenas contra, mas sim para além; não apenas destruir, mas construir outra coisa. As bases de cooperação e solidariedade já estão lançadas.

1

O ESTADO DA ARTE SOLIDÁRIA E COOPERATIVA

[...] outro mundo não é apenas possível – já está acontecendo.[20]
(New Economy Coalition)

Para iniciar essa investigação, optei por partir da análise de experiências concretas, e não de uma proposta conceitual, revisão bibliográfica ou resgate histórico. Usualmente, as obras que têm analisado os efeitos da introdução das tecnologias digitais e da datificação no regime de produção capitalista partem das problemáticas e finalizam apontando para alternativas possíveis; escolhi seguir o sentido oposto. Parti da constatação de que estão emergindo, expandindo-se e se espalhando ao redor do mundo organizações de artistas que se organizam a partir dos princípios da propriedade coletiva e da gestão compartilhada. Todas as proposições e reflexões teóricas desenvolvidas na presente obra a respeito do trabalho artístico, sua plataformização e seu futuro têm como fio condutor os insights empíricos obtidos dos projetos estudados.

Dentre as diversas questões que busquei responder a respeito dessas experiências, neste capítulo foquei nas seguintes: Quem são? Quantas são? Onde estão? Como se apresentam? Como ponto em comum entre a ampla diversidade de organizações estudadas, estão a centralidade da cooperação e da solidariedade, além do enfoque na produção artística. Entretanto, para além dessa similaridade, encontrei um vasto leque de diferenças em relação a múltiplos aspectos – inspirações, origem, porte, atividades, entre outros.

Tais experiências, apesar de estarem em uma crescente visibilidade e engajamento internacional, ainda carecem de análises empíricas que observem suas dinâmicas concretas. Apesar de apresentarem crescimento em número e abrangência, estando presentes em cada vez mais segmentos e agregando uma quantidade crescente de trabalhadores e entusiastas, sabe-se pouco sobre suas dinâmicas internas. Apesar de sua crescente

---

[20] "[...] another world isn't only possible – it's already happening". Tradução nossa.

presença em fóruns acadêmicos e políticos nas discussões sobre um futuro mais democrático e equitativo do trabalho digital, encontram-se poucas publicações empíricas sobre suas reais dinâmicas e impactos.

De início dessa reflexividade metodológica, destaco os desafios impostos pelo objeto de investigação escolhido. É preciso considerar, logo de partida, que elegi para estudo um movimento emergente e extremamente dinâmico, que, no próprio decorrer da escrita, vai se transformando. Em segundo lugar, um desafio que ficou bastante evidente nesta pesquisa é a dificuldade de conseguir contato e colaboração com elas. Muitas não possuem canais oficiais de atendimento ou, quando os têm, não são utilizados com frequência; e, quando se obtém um retorno, boa parte delas recusa contribuir por conta das limitações de tempo e equipe. A batalha pela sua sobrevivência é tão grande que boa parte delas não encontra a possibilidade de se engajar em esforços que não estejam diretamente ligados à sua subsistência – seja colaborar em pesquisas, participar de eventos ou se dedicar ao amadurecimento intelectual.

Outro principal desafio que encontrei na pesquisa empírica foi a definição do recorte. Por conta da minha trajetória acadêmica e profissional, iniciei a investigação pelas organizações identificadas como cooperativas de plataforma e vinculadas ao Platform Cooperativism Consortium (PCC). Entretanto, no desenvolvimento da pesquisa, esbarrei nas limitações trazidas pelo conceito, especialmente ao aterrissar em um país tão diferente quanto o Brasil. Esses limites têm sido apontados por uma série de pesquisas, especialmente do Sul Global; como exemplos, posso citar Sandoval (2017), Grohmann (2018) e Zanatta (2023). Percebi que, caso me limitasse à pesquisa àquelas iniciativas identificadas como cooperativas de plataforma, estaria deixando de fora uma miríade de outras experiências valiosas. Isso porque, nos dois termos do conceito, encontrei limitações nacionais: boa parte das iniciativas locais não se reconhece formalmente como cooperativa e praticamente nenhuma delas se baseia em uma plataforma digital.

Assim, decidi ampliar o escopo do trabalho, que passou de uma forma única (cooperativas de plataforma) e um número reduzido de iniciativas (seis) para uma multiplicidade de arranjos (doze categorias) e uma quantidade significativamente maior de exemplos (cento e treze). Ao me abrir para essa diversidade mais ampla, tive enormes ganhos, como a descoberta da Economia Solidária e sua potência, especialmente pela sua tradição no Brasil, sua flexibilidade de arranjos formais e sua maior aderência à classe artística.

ECONOMIA SOLIDÁRIA E ARTE

Um último desafio a ser pontuado foi a dificuldade de encontrar informações concentradas e atualizadas sobre as iniciativas estudadas. Primeiro, nem todas possuem um site oficial; de algumas só foi possível encontrar perfis nas redes sociais. Mesmo aquelas que têm um site, nem todos permitem deduzir informações básicas, como se a iniciativa está ativa, como se define formalmente e qual é o seu propósito de existência. E, como já mencionado, pouquíssimas delas possuem um canal de atendimento explícito e ativo.

Toda cartografia é, em alguma medida, parcial, estática e reducionista. Grohmann (2022), em um esforço semelhante de mapear cooperativas de jornalismo na Ibero-América, enfrentou desafios bastante parecidos aos que aqui enfrentei. Sobre isso, afirma: "podemos dizer que os dados, então, são produzidos de acordo com determinadas condições de produção e reflexividade do sujeito pesquisador" (Grohmann, 2022, p. 27). Desse modo, não pretendo abarcar todas as experiências existentes no mundo de artistas que se organizam em torno da cooperação e solidariedade. É possível, e bastante provável, que haja algum número deles que se organize deixando poucos rastros digitais e com lógicas distantes das instituições; por isso, não serão identificados e seguirão à parte deste estudo. Entretanto, aqueles que se dão a conhecer possuem a potência de inspirar, inclusive, a eles e a trabalhadores de outros segmentos.

Conforme apontado anteriormente, o mapeamento se iniciou a partir do diretório[21] do Platform Cooperativism Consortium (PCC), recurso que reúne informações sobre as cooperativas de plataforma ao redor do mundo. O PCC, que será apresentado com mais detalhes adiante, é uma organização fundada por Trebor Scholz e ligada à The New School de Nova Iorque, que se define como "um hub que ajuda você a iniciar, crescer ou converter-se em cooperativas de plataforma"[22]. O cooperativismo de plataforma, para fins introdutórios, é um conceito formulado por Trebor Scholz em meados de 2016, que propõe a sinergia entre os princípios da economia cooperativa e as plataformas digitais. Desde a sua criação, o movimento vem inspirando iniciativas ao redor do mundo e gerando uma série de debates.

Em agosto de 2023, o diretório contava com quinhentos e quarenta e seis projetos listados no total. O recurso contém informações descritivas de cada um deles, como nome, descrição, website, localidade e contato.

---

[21] Platform Cooperativism Consortium Directory. Disponível em: https://directory.platform.coop/. Acesso em: 15 mar. 2023.

[22] "A hub that helps you start, grow, or convert to platform co-ops". Tradução nossa. Disponível em: https://www.platform.coop/. Acesso em: 15 mar. 2023.

Além de categorizá-los segundo seu tipo e segmento, o que possibilita uma série de análises quanto à presença, à atividade e ao setor de cada uma delas. Para a presente análise, utilizei o diretório para buscar organizações categorizadas como "Cooperativas" e classificadas na categoria de "Arte". Alguns resultados foram descartados por motivos como informações insuficientes ou categorização incorreta do setor. A pesquisa resultou em catorze cooperativas de plataforma da categoria Arte (*Art*) em todo o mundo.

Quadro 1 – Cooperativas de plataforma de arte indexadas no diretório do PCC

Nome	País	Página oficial
1D Lab	França	http://en.1d-lab.eu/
Ampled	Estados Unidos	https://www.ampled.com/
Art.coop	Estados Unidos	https://art.coop/
Coopérative Samouraï	França	https://www.cooperativesamourai.com/
Cosmos Coop	Estados Unidos	https://www.cosmos.coop/
DiGiDi – Cooperative Digital Distribution	Dinamarca	https://www.digidi.org/
Eyemole Arts and Technology Co-operative	Canadá	https://eyemole.gitlab.io/
Guerrilla Media Collective	Espanha	https://guerrillamedia.coop/
Means TV	Estados Unidos	https://means.tv/
PicNoi	Estados Unidos	http://picnoi.com
RedRoot Artists Cooperative	Filipinas	https://redroot.coop/
Smart Coop	Bélgica	https://www.smart.coop/
Stocksy United	Canadá	https://www.stocksy.com/
TAKŁADNIE	Polônia	http://takladnie.com/

Fonte: o autor a partir de dados do diretório do PCC

Em pesquisa complementar a esta[23], durante um fellowship no Institute for Cooperative Digital Economy (ICDE), analisei mais especificamente essas cooperativas de plataforma listadas no diretório e classificadas na categoria Arte. Porém, como é possível observar, nota-se um número relativamente pequeno de iniciativas no setor (aproximadamente 2,5% do total). Além disso, é notável também sua concentração geográfica, com predominância nos Estados Unidos (cerca de 35%). A partir dessas constatações, formulei a hipótese de que deveriam haver mais projetos autogestionados por trabalhadores no segmento das artes que não estão vinculados à rede do PCC.

Por esse motivo, decidi ampliar o escopo da pesquisa em três dimensões:

1. Não me restringir aos projetos indexados pelo diretório do PCC, para não limitar a pesquisa a um único recurso de apenas uma organização;

2. Ir além das cooperativas *de plataforma*, considerando também cooperativas não-plataformizadas ou não aderentes a este movimento em particular;

3. Abarcar também experiências que não se definem como cooperativas propriamente, mas que se alinham a outras correntes como a da economia solidária e se assumem outros arranjos formais.

A respeito desses outros arranjos – ou seja, experiências que não se definem nem como cooperativas, nem como comunidades de ES – é possível apontar relações com o conceito de "arranjos econômicos alternativos", desenvolvido especialmente pela professora Roseli Fígaro dentro do Centro de Pesquisa em Comunicação e Trabalho (CPTP). O conceito nasce no âmbito de pesquisa sobre o trabalho jornalístico, buscando evidenciar formas de "arranjar, organizar o trabalho de forma alternativa e independente dos conglomerados de mídia" (Nonato; Filho; Fígaro, 2018, p 104). A principal diferença é que, neste estudo, focalizei o trabalho artístico e as alternativas às grandes plataformas digitais de arte.

Essa virada metodológica foi fundamental e ampliou significativamente o leque de experiências abarcadas. Para iniciar a busca por novas iniciativas a partir do critério expandido, utilizei o diretório[24] da U.S. *Federation of Worker Cooperatives* e do *Democracy at Work Institute*. O diretório se apresenta como:

---

[23] Disponível em: https://archive.org/details/victor-barcellos/. Acesso em: 6 jun. 23.

[24] Disponível em: https://www.usworker.coop/directory/. Acesso em: 15 mar. 2023.

> [...] uma compilação da comunidade em rápido crescimento de cooperativas de trabalhadores, outros locais de trabalho democráticos e organizações de apoio — grupos que juntos estão promovendo a propriedade dos trabalhadores nos Estados Unidos.[2526]

Na categoria "Arte e Entretenimento" (*Arts & Entertainment*), no Tipo de Negócio (*Business Type*) e na "Cooperativa de Trabalhadores" (*Worker co-op*), foram encontradas dez cooperativas de trabalhadores em agosto de 2023. É importante notar que, apesar de estarem localizadas no mesmo país (Estados Unidos), apenas uma das cooperativas listadas nesse diretório também estava indexada ao diretório do PCC, indicando que o cooperativismo é muito mais amplo do que o de plataforma.

Em seguida, encontrei uma lista[27] da Art.coop de exemplos de grupos e iniciativas que, apesar de estarem listados entre as cooperativas de plataforma, são organizações mais aderentes à economia solidária. Nem todas as iniciativas listadas estão diretamente ligadas às artes, então tive de filtrar os exemplos a partir de uma análise de suas páginas oficiais. Porém, um insight importante trazido pela própria organização é de que "todas as redes e infraestruturas da Economia Solidária – independentemente de sua ênfase em arte e cultura – apoiarão artistas e portadores de cultura"[28].

Outra fonte importante consultada na busca de experiências foram programas de financiamento e aceleração de iniciativas. O primeiro foi a Start.coop[29], principal programa de incubação e aceleração de cooperativas, porém, apenas uma das organizações listadas como Alumni[30] do programa pertence ao segmento artístico e já havia sido mapeada antes (*Ampled*). Outra iniciativa, a *Artisans Cooperative*, também já mapeada e entrevistada anunciou[31] em março de 2023 que foi aprovada para receber apoio da Start.coop.

---

[25] Disponível em: https://www.usworker.coop/directory/about. Acesso em: 15 mar. 2023.

[26] "[...] a compilation of the fast-growing community of worker coops, other democratic workplaces, and support organizations—groups who together are advancing worker ownership across the United States". Tradução nossa.

[27] Disponível em: https://art.coop/#examples. Acesso em: 15 mar. 2023.

[28] "All networks and infrastructure in the Solidarity Economy—regardless of their emphasis on arts and culture—will support artists and culture-bearers". Tradução nossa.

[29] Disponível em: https://www.start.coop/. Acesso em: 6 jun. 2023.

[30] Disponível em: https://www.start.coop/entrepreneurs. Acesso em: 6 jun. 2023.

[31] Disponível em: https://artisans.coop/blog/artisans-cooperative-joins-the-start-coop-2023-spring-accelerator/. Acesso em: 6 jun. 2023.

O segundo programa consultado foi o AmbitioUS[32], iniciativa do Center for Cultural Innovation (CCI) que apoia o desenvolvimento de economias alternativas para proporcionar liberdade financeira a artistas e comunidades culturais. Na sua lista de "Investidos" [*Investees*], encontrei uma série de iniciativas categorizadas como de "Propriedade artística" [*Artist Ownership*], que foram incluídas no mapeamento. Nesse programa, o foco dos investimentos está em projetos das comunidades artísticas e culturais. A justificativa para isso está totalmente alinhada com minha hipótese central:

> Primeiro, acreditamos que os artistas podem desempenhar um papel essencial no avanço dessas abordagens econômicas alternativas e, por sua vez, podem se beneficiar significativamente delas. Como tal, os artistas podem e devem ser incluídos como alavanca estratégica para a mudança. De muitas maneiras, a força de trabalho do artista tem características que a tornam madura para influenciar esforços econômicos alternativos. Artistas, produtores culturais, artesãos e empreendedores criativos estão espalhados por vários mercados de trabalho, enfrentam desigualdades em seu próprio ecossistema artístico que refletem desigualdades na sociedade de forma mais ampla e compartilham condições desafiadoras de insegurança de renda, dívida alta e poucos ativos com outros segmentos da sociedade. a força de trabalho americana em geral [...].
>
> Hoje, muitos americanos compartilham os mesmos arranjos de trabalho precários que os artistas, lutando com a insegurança de renda e os desafios do avanço da tecnologia, ao mesmo tempo em que carecem de redes básicas de segurança e proteção no local de trabalho. Nossa premissa é que, se as inovações financeiras e os sistemas econômicos podem funcionar para a grande, diversificada e desafiadora força de trabalho criativa, esses avanços podem funcionar para milhões de outros americanos.[33]

---

[32] Disponível em: https://ambitio-us.org//. Acesso em: 6 jun. 2023.

[33] "First, we believe that artists can play an essential role in advancing these alternative economic approaches, and can benefit significantly from them in turn. As such, artists can and should be included as strategic leverage for change. In many ways, the artist workforce has characteristics that make it ripe for influencing alternative economic efforts. Artists, cultural producers, artisans, and creative entrepreneurs are spread across various labor markets, face inequities in their own arts ecosystem that mirror inequities in society more broadly, and share challenging conditions of income insecurity, high debt, and few assets with other segments of the overall American workforce [...].

Today, many Americans now share the same precarious working arrangements as artists, struggling with income insecurity and the challenges of advancing technology while lacking basic safety nets and workplace

Ao longo da trajetória de pesquisa, naturalmente, outras iniciativas foram encontradas de forma não sistemática – em menções na revisão de literatura, nos programas de eventos do campo, na indicação de colegas, no tagueamento em postagens nas redes sociais, entre outros. Esse método foi possível pelo caráter em rede que a maioria dessas organizações assume. Ao invés de enxergar outras organizações semelhantes como competidoras, elas apresentam a tendência de formar laços de solidariedade. Uma das formas que essa relação entre os projetos ocorre, especialmente no caso das cooperativas, é o que se chama de intercooperação, que será apresentada com mais detalhes adiante.

Por fim, ao final de cada entrevista realizada com as iniciativas, pedi que indicassem outros projetos adequados ao perfil estudado. Assim, com essa pesquisa "em rede", pude chegar a novas iniciativas além daquelas já mapeadas. Ainda assim, não haviam sido encontradas iniciativas situadas no Brasil. Para verificar se elas eram de fato inexistentes ou apenas estavam fora do radar dessas redes internacionais, realizei pesquisas nos buscadores por palavras-chave como "cooperativa", "economia solidária" e "artes". Com isso, cheguei a vinte iniciativas nacionais no setor das artes.

Ao final dessa etapa, o número de projetos listados saltou de catorze para cento e treze. Então, a questão que se apresentou foi: quando parar de procurar? É bastante provável que, se continuássemos na empreitada de listar o maior número possível de projetos, encontraríamos novos, que poderiam inclusive conduzir a pesquisa a outros rumos e resultados. Todavia, uma hora é preciso parar e dar o próximo passo: analisar as iniciativas encontradas. Uma lista excessivamente extensa, apesar de possivelmente ter utilidade para outros fins, impediria uma análise intensa e o aprofundamento almejado nesta pesquisa. Desse modo, concluindo a etapa de listagem, parti para a filtragem das experiências.

Como critério para filtrar as iniciativas encontradas, analisei suas descrições presentes nas páginas de "Home" e "Quem Somos" de seus websites, bem como nas "Bios" das redes sociais. O primeiro critério foi verificar se nesses textos afirmava-se o protagonismo de seus trabalhadores como proprietários e gestores da organização. No caso das cooperativas, houve maior facilidade nessa verificação, por serem princípios essenciais

---

protections. Our premise is that if financial innovations and economic systems can work for the large, diverse, and challenged creative workforce, these advances can work for millions of other Americans". Tradução nossa. Disponível em: https://ambitio-us.org/what-is-ambitious/. Acesso em: 6 jun. 2023.

do cooperativismo. Entretanto, no caso das experiências alinhadas a outras tradições, foi necessária uma análise mais minuciosa. O segundo critério diz respeito à avaliação de se estavam enquadradas no recorte do segmento artístico. Para isso, precisei verificar se os artistas e as práticas artísticas eram apresentados com centralidade nas atividades da organização. Para cada projeto, busquei uma frase de até um parágrafo (na área de *Branding*, é o que se costuma chamar de *Tagline* da marca) onde cada organização se apresenta, incluindo esse texto na coluna Descrição do mapeamento.

Feita essa filtragem, passei à sua categorização, que me permitiu encontrar padrões e excepcionalidades entre os projetos. As opções definidas para cada campo seguiram um método indutivo; ou seja, ao invés de serem estabelecidas previamente, fui agrupando os resultados conforme apareciam. O primeiro campo utilizado foi o que chamei de Categoria, que diz respeito ao seu arranjo formal e/ou jurídico, conforme descrito por elas mesmas. Os resultados foram distribuídos nas seguintes opções: Cooperativa, Cooperativa de plataforma, Coletivo, Comunidade, Rede, Grupo, Programa, Iniciativa, Organização sem fins lucrativos, Projeto, Laboratório, Evento, Movimento e Outros. A segunda categorização, a que chamei de Tipo, compreendeu o bem ou serviço central oferecido, o que me levou às seguintes opções: Plataforma, Espaço, Prestador de serviços, Educação, Marketplace, Galeria, Recurso, Consultoria, Laboratório, Financiamento e Evento.

Na sequência, busquei atribuir a cada uma delas um ramo artístico, na tentativa de encontrar a quais práticas artísticas estavam mais diretamente ligadas. Nem todas as iniciativas estavam vinculadas a um tipo de arte único, mas boa parte delas estava e foi classificada como tal. As opções encontradas foram: artesanato, artes visuais, dança, música, educação, fotografia, teatro, audiovisual, instalações, design, circo, diversos e não se aplica. Cada uma delas foi também atribuída a um país onde física ou formalmente está situada, de modo a permitir a análise de sua distribuição e/ou concentração geográfica. O link oficial, considerado o que contém o maior número de informações sobre a organização, foi também incluído no mapa – na maioria dos casos, o website, mas em alguns poucos casos, o seu perfil em uma rede social. Ao final dessa etapa, cheguei a cento e treze projetos mapeados e classificados por sua descrição, categoria, tipo, ramo artístico e país.

Concluído o mapeamento, tentei contato com as organizações para a realização de entrevistas em profundidade, com o objetivo de obter uma compreensão mais aprofundada. Os contatos foram feitos via e-mail e chat de redes sociais, e as entrevistas foram realizadas por e-mail, WhatsApp ou videoconferência. Foram realizadas vinte e quatro tentativas; como resultado, obtive oito entrevistas. Cinco delas responderam ao primeiro contato, mas pararam de responder após o envio das perguntas. Dez não deram nenhum retorno e uma delas recusou o convite.

Quadro 2 – Entrevistas realizadas

Organização	Data	Canal
Groupmuse	14/09/2023	Google Meet
Means TV	07/06/2023	Email
Unijazz	13/07/2023	WhatsApp
Art.coop	24/10/2023	Google Meet
Cosmos Coop	09/06/2023	Email
Artisans Cooperative	29/05/2023	Email
DisCO	21/06/2023	Email
Stocksy United	28/07/2023	Google Meet

Fonte: o autor

Diversos foram os desafios ao longo do processo; muitos dos projetos não possuem canais oficiais de atendimento ou não são responsivos neles. Praticamente todas as entrevistas alegaram limitações de tempo para a colaboração ou abandonaram o contato após receberem mais detalhes sobre a dimensão das perguntas. É interessante notar que algumas delas citaram explicitamente o fato de se dedicarem parcialmente à organização como um fator limitante de tempo. Como muitas das iniciativas estudadas ainda não possuem suficiência financeira para oferecer um contrato de tempo integral a todos os seus trabalhadores, parte deles afirma a impossibilidade de se comprometer com demandas além das previstas em suas funções. Não foram incomuns as demoras de dias para respostas aos nossos e-mails ou mesmo o declínio da entrevista por ausência de tempo disponível, que eram sempre justificados por frases como "nós somos um time pequeno" ou "meu contrato é de meio-período". Ainda assim, considerei que as entrevistas obtidas trouxeram importantes insights que possibilitaram o levantamento de dados que não seriam possíveis apenas nas outras etapas da metodologia.

As perguntas orientadoras das entrevistas foram elaboradas para abordar as dimensões de análise discutidas nos capítulos 3 a 5. Além de buscar mais detalhes sobre suas dinâmicas de governança e financiamento que não são explicitados em seus canais oficiais, procurei também captar aspectos mais subjetivos, como seus conceitos inspiradores, suas opiniões sobre movimentos tradicionais e os impactos das novas tecnologias em seus trabalhos.

As questões em inglês e português foram apresentadas da seguinte forma:

1. Como você descreveria o modelo de governança da sua organização? / *How would you describe the governance model of your organization?*

2. Quais são as principais formas de financiamento da sua organização? / *What are the main forms of funding for your organization?*

3. O que você entende por "trabalho artístico"? / *What do you understand by "artistic work"?*

4. Quais você considera serem os principais efeitos da plataformização no trabalho dos artistas? / *What do you consider to be the main effects of platformization on artists' work?*

5. Como você vê os movimentos de Economia Solidária e Cooperativismo de Plataforma? / *How do you see the Solidarity Economy and Platform Cooperativism movements?*

6. O conceito de "comum" desempenha algum papel na inspiração e/ou conceituação do seu trabalho? / *Do the concept of "commons" play any role in the inspiration and/or conceptualization of your work?*

7. Quais são os potenciais e riscos das novas tecnologias (IA, blockchain, tokens, etc.) para os trabalhadores artísticos? / *What are the potentials and risks of new technologies (AI, blockchain, tokens, etc.) for artistic workers?*

8. Você conhece alguma outra iniciativa na área que eu deva estudar? / *Do you know any other initiative in the field I should look into?*

Após a finalização do mapeamento e das entrevistas, considerei completa a etapa de coleta de dados e parti para a análise dos dados, que será apresentada nos subcapítulos subsequentes.

1.1. Mapa das iniciativas

Nesta seção, apresento o mapeamento completo das iniciativas. A proposta de elaborar um mapa surgiu antes da necessidade de circunscrever o objeto de análise, do que propriamente de uma escolha metodológica. Seria dar um passo no escuro partir para as discussões aqui propostas e testar as hipóteses levantadas sem antes levantar concretamente informações sobre as experiências que pretendo investigar. Na ausência de uma lista, repositório ou qualquer outra sistematização do gênero sobre essas comunidades (considerando que o Diretório do PCC abarca exclusivamente iniciativas ligadas ao cooperativismo de plataforma e o Mapa do Observatório do Cooperativismo foca em cooperativas de comunicadores, e não exatamente artísticas), assumi a missão de tentar esboçar um mapa desses projetos.

Todavia, em busca de uma referência metodológica que pudesse nos embasar e orientar, encontrei na noção de Cartografia desenvolvida por Gilles Deleuze e Félix Guattari, especialmente na obra "Mil platôs 1: capitalismo e esquizofrenia" (1995), uma completa afinidade com a empreitada aqui apresentada. A cartografia é um método proposto pelos autores, sendo um dos princípios (mais precisamente, o quinto) do rizoma, outro conceito central em sua obra.

O conceito de rizoma, central nessa proposta, é também bastante afim ao modo como tal etapa se desenvolveu: não teve um começo ou fim bem delimitados, não seguiu uma ordem linear e nem se pretendeu totalizante. Segui de ponto em ponto, e as linhas foram se desenhando. Não parti com um destino definido; busquei seguir o movimento, e o caminho se fez assim. Portanto, o rizoma funciona como um mapa, pois:

> O mapa é aberto, conectável em todas as suas dimensões, desmontável, reversível, suscetível de receber modificações constantemente. Ele pode ser rasgado, revertido, adaptar-se a montagens de qualquer natureza, ser preparado por um

> indivíduo, um grupo, uma formação social [...]. Uma das características mais importantes do rizoma talvez seja a de ter sempre múltiplas entradas. (Deleuze; Guattari, 2006, p. 22).

Uma obra, independentemente do gênero discursivo, impõe limites. A exigência de sua publicação é limitante do mapa, pois demanda uma fixação, uma consolidação. Ela é como uma fotografia de algo que está em movimento, capaz de captar apenas um instante deste. Durante o próprio período de escrita, iniciativas existentes morreram e novas nasceram, atualizações que busquei, na medida do possível, fazer antes da submissão final. Mas o fato é que um mapa fixado numa obra está fadado à desatualização; já nasce datado, ainda mais a respeito de um fenômeno tão dinâmico. Porém, não deixa de ter seu valor: os mapas da Antiguidade, da época em que monstros marinhos existiam, ainda servem, ao menos, para os historiadores inferirem sobre os modos de pensar da época e para as crianças se divertirem ao elaborar histórias sobre eles.

O único campo presente no mapeamento, mas ocultado no quadro abaixo, foi o de Descrição, que tornaria o quadro excessivamente longo. Todavia, a análise deste campo traz importantes insights para a investigação de discurso e as dimensões de estudo propostas; portanto, o campo será analisado de forma distribuída ao longo dos capítulos. Assim, de cada iniciativa mapeada, apresentei seu nome oficial, a categoria usada para se autodescrever, o tipo de trabalho desenvolvido, a principal atividade artística realizada, o país onde está sediada e sua página oficial. Nos subcapítulos seguintes, teço análises e reflexões a respeito de cada um desses campos.

Quadro 3 – Mapeamento completo de iniciativas

Nome	Categoria	Tipo	Ramo artístico	País	Página oficial
1D Lab	Cooperativa	Laboratório	Não se aplica	França	http://en.1d-lab.eu/
200 Million Artisans	Organização sem fins lucrativos	Apoiador	Artesanato	India	https://200millionartisans.org/about
45th Street Artists' Cooperative	Cooperativa	Espaço	Diversos	Estados Unidos	https://www.emeryvilleartists-coop.org/
924 Gilman	Organização sem fins lucrativos	Espaço	Música	Estados Unidos	https://www.924gilman.org/
A-WOL Dance Collective	Organização sem fins lucrativos	Espaço	Dança	Estados Unidos	http://www.awoldance.org/
Aarhus Makers	Cooperativa de plataforma	Plataforma	Não se aplica	Dinamarca	https://www.linkedin.com/pulse/aarhus-makers-artists--co-operative-creatives-ben--culpin/
Abbostford Convent	Outros	Espaço	Diversos	Canadá	https://abbotsfordconvent.com.au/
adæpt	Cooperativa	Espaço	Diversos	Estados Unidos	https://adaept.design/
Alternate ROOTS	Grupo	Prestador de serviços	Diversos	Estados Unidos	https://alternateroots.org/

ECONOMIA SOLIDÁRIA E ARTE

Nome	*Categoria*	*Tipo*	*Ramo artístico*	*País*	*Página oficial*
Ampled	Cooperativa de plataforma	Plataforma	Música	Estados Unidos	https://www.ampled.com/
Ampliative Art	Outros	Plataforma	Não se aplica	Remoto	https://medium.com/@ampliativeart/ampliative-art-cf625df3279b
Anticapitalism for Artists	Comunidade	Educação	Artes visuais	Estados Unidos	https://www.anticapitalismforartists.com
Art Center Cooperative	Organização sem fins lucrativos	Espaço	Diversos	Estados Unidos	https://www.tacjacksonville.org/about.html
Art Guild of Tellico Village	Outros	Educação	Artesanato	Estados Unidos	https://www.tellicoartguild.com/
Art.coop	Comunidade	Educação	Não se aplica	Estados Unidos	https://art.coop/
Artisans Cooperative	Cooperativa	Marketplace	Artesanato	Estados Unidos	https://artisans.coop/
Artist Communities	Comunidade	Educação	Diversos	Estados Unidos	https://artistcommunities.org/
Artist Resource Community (ARC) Chicago	Cooperativa	Apoiador	Não se aplica	Estados Unidos	https://ambitio-us.org/investee/artist-resource-community-arc-chicago/

Nome	Categoria	Tipo	Ramo artístico	País	Página oficial
Artista Solidário	Projeto	Marketplace	Diversos	Brasil	https://www.urbanarts.com.br/artistasolidario
Artsmap	Comunidade	Plataforma	Não se aplica	Países Baixos	https://artsmap.info/
Artwood Gallery	Cooperativa	Espaço	Artesanato	Estados Unidos	https://www.artwoodgallery.com/
ARTZ Cooperative Gallery	Cooperativa	Espaço	Diversos	Estados Unidos	https://zunipuebloart.com/artz-co-op
Autonomous Design Group	Coletivo	Educação	Artes visuais	Reino Unido	https://www.weareadg.org/
BAMBD, CDC	Comunidade	Apoiador	Não se aplica	Estados Unidos	http://www.bambdcdc.com/
Brewery Artwalk	Comunidade	Espaço	Diversos	Estados Unidos	https://breweryartwalk.com/
Bushwick Community Darkroom	Comunidade	Espaço	Fotografia	Estados Unidos	https://www.bushwick-communitydarkroom.com/
Cartoonist Cooperative	Cooperativa	Apoiador	Artes visuais	Não identificado	https://cartoonist.coop/

ECONOMIA SOLIDÁRIA E ARTE

Nome	Categoria	Tipo	Ramo artístico	País	Página oficial
CAST — the Community Arts Stabilization Trust	Comunidade	Espaço	Não se aplica	Estados Unidos	https://cast-sf.org/
Catalytic Sound	Cooperativa	Plataforma	Música	Estados Unidos	https://www.catalyticsound.com/
Qualla Arts & Crafts Mutual	Cooperativa	Plataforma	Artesanato	Estados Unidos	https://quallaartsandcrafts.org/
City Art	Cooperativa	Espaço	Artes visuais	Estados Unidos	https://www.cityartgallery.org/
Clownperativa	Cooperativa	Prestador de serviços	Circo	Brasil	https://www.facebook.com/clownperativa/
CNACOOP	Cooperativa	Apoiador	Diversos	Brasil	http://www.coopnacionaldasartes.com.br/
Constelação das artes	Cooperativa	Marketplace	Artesanato	Brasil	https://www.instagram.com/constelacao_das_artes/
ContratArte	Iniciativa	Plataforma	Diversos	Brasil	https://www.contratarte.art.br/
Cooperativa Art Ilha	Cooperativa	Prestador de serviços	Artesanato	Brasil	https://www.instagram.com/cooperativa_artilha/

Nome	Categoria	Tipo	Ramo artístico	País	Página oficial
Cooperativa Brasileira de Circo	Cooperativa	Apoiador	Circo	Brasil	https://www.facebook.com/CircoopBr/
Cooperativa Brasileira de Música	Cooperativa	Prestador de serviços	Música	Brasil	https://cooperativa-brasileira-de-musica.ueniweb.com/
Cooperativa de Arte Feminina – Coostafe	Cooperativa	Prestador de serviços	Artesanato	Brasil	https://www.instagram.com/coostafe/
Cooperativa de Artistas Visuais do Brasil – Cooperartista	Cooperativa	Apoiador	Artes visuais	Brasil	http://www.cooperartista.org.br
Cooperativa de Música	Cooperativa	Apoiador	Música	Brasil	https://www.cooperativade-musica.com.br/
Cooperativa di Diseno	Cooperativa	Prestador de serviços	Artes visuais	Argentina	https://cooperativadedisenio.com/
Cooperativa Paulista de Dança	Cooperativa	Apoiador	Dança	Brasil	http://www.coopdanca.com.br/
Cooperativa Paulista de Teatro	Cooperativa	Apoiador	Teatro	Brasil	https://www.facebook.com/CoopTeatro/
Cooperativa Social dos Artesãos Empreendedores do Paraná – Cooparte	Cooperativa	Marketplace	Artesanato	Brasil	https://www.cooparte.com.br/

Nome	Categoria	Tipo	Ramo artístico	País	Página oficial
Cooperativa Uni Arte Costura	Cooperativa	Marketplace	Artesanato	Brasil	https://www.instagram.com/uniartecostura/
Cooperative Journal Media	Cooperativa	Apoiador	Não se aplica	Estados Unidos	https://www.cooperativejournalmedia.com/
Coopérative Samouraï	Cooperativa	Prestador de serviços	Audiovisual	França	https://www.cooperativesamourai.com/
Coopermusp	Cooperativa	Apoiador	Música	Brasil	https://www.instagram.com/coopermusp/
Cosmos Coop	Cooperativa	Plataforma	Diversos	Estados Unidos	https://www.cosmos.coop/
Creative Wildfire	Projeto	Apoiador	Artes visuais	Não identificado	https://creativewildfire.org/
Crux	Cocperativa	Plataforma	Não se aplica	Estados Unidos	https://crux.pory.app/
Dark Laboratory	Coletivo	Laboratório	Instalações	Estados Unidos	https://www.darklaboratory.com/
Dark Matter U	Rede	Educação	Artes visuais	Estados Unidos	https://darkmatteru.org/
Dark Study	Programa	Educação	Não se aplica	Remoto	https://www.darkstudy.net/

Nome	Categoria	Tipo	Ramo artístico	País	Página oficial
DiGiDi – Cooperative Digital Distribution	Cooperativa	Plataforma	Música	Dinamarca	https://www.digidi.org/
DIsCO.coop	Cooperativa	Apoiador	Não se aplica	Espanha	https://disco.coop/
Double Edge Theatre	Comunidade	Educação	Teatro	Estados Unidos	https://doubleedgetheatre.org/
Dutch Alley Artists' Coop	Cooperativa	Espaço	Diversos	Estados Unidos	http://www.dutchalleyartists-co-op.com/aboutus.html
Ether Collective	Cooperativa	Apoiador	Música	Estados Unidos	https://ambitio-us.org/investee/ether-collective/
Eyemole Arts and Technology Co-operative	Cooperativa	Prestador de serviços	Artes visuais	Canadá	https://eyemole.gitlab.io/
Femnoise	Organização sem fins lucrativos	Plataforma	Música	Espanha	https://www.femnoise.com/
First Peoples Fund	Organização sem fins lucrativos	Apoiador	Não se aplica	Estados Unidos	https://www.firstpeoplesfund.org/
Flux Factory	Comunidade	Educação	Diversos	Inglaterra	https://www.fluxfactory.org/
Fórum Permanente	Outros	Apoiador	Não se aplica	Brasil	http://www.forumpermanente.org/

Nome	Categoria	Tipo	Ramo artístico	País	Página oficial
Furtherfield	Organização sem fins lucrativos	Espaço	Diversos	Inglaterra	https://www.furtherfield.org/
Groupmuse	Cooperativa	Plataforma	Música	Estados Unidos	https://www.groupmuse.com/
Guilded Cooperative	Cooperativa	Plataforma	Não se aplica	Estados Unidos	https://www.guilded.coop/
Happy Family	Cooperativa	Educação	Música	Estados Unidos	https://happyfamilymkt.com/about
Howlround	Outros	Plataforma	Teatro	Estados Unidos	https://howlround.com/
Justseeds	Cooperativa	Marketplace	Artes visuais	Estados Unidos	https://justseeds.org/
Live Musicians Co-op	Cooperativa	Espaço	Música	Estados Unidos	https://www.livemusicians-coop.com/
Lone Star Darkroom	Cooperativa	Prestador de serviços	Fotografia	Estados Unidos	https://www.lonestardar-kroom.com/
Louisiana Philharmonic Orchestra (LPO)	Outros	Prestador de serviços	Música	Estados Unidos	https://lpomusic.com/about-section/about-the-lpo/
Mastodon.art	Comunidade	Plataforma	Não se aplica	Remoto	https://mastodon.art/about

Nome	Categoria	Tipo	Ramo artístico	País	Página oficial
Means TV	Cooperativa de plataforma	Plataforma	Audiovisual	Estados Unidos	https://means.tv/
Meerkat Media Worker Cooperative	Cooperativa	Prestador de serviços	Audiovisual	Estados Unidos	https://www.meerkatmedia.org/
Midnight Oil Collective	Coletivo	Apoiador	Não se aplica	Estados Unidos	https://www.midnightoilco.com/
NALAC	Comunidade	Apoiador	Não se aplica	Estados Unidos	https://www.nalac.org/
New York Music Co-op	Cooperativa	Educação	Música	Estados Unidos	https://www.nymusiccoop.com/
O+ Festival	Organização sem fins lucrativos	Evento	Diversos	Estados Unidos	https://opositivefestival.org/
Obvious Agency	Cooperativa	Prestador de serviços	Diversos	Estados Unidos	https://www.obvious-agency.com/
Oxbow Design Build	Cooperativa	Prestador de serviços	Artes visuais	Estados Unidos	https://oxbowdesignbuild.com/
Partner & Partners	Cooperativa	Prestador de serviços	Design	Estados Unidos	https://partnerandpartners.com/

ECONOMIA SOLIDÁRIA E ARTE

Nome	Categoria	Tipo	Ramo artístico	País	Página oficial
PicNoi	Cooperativa	Plataforma	Fotografia	Estados Unidos	http://picnoi.com
Pro Arte Chamber Orchestra of Boston	Cooperativa	Prestador de serviços	Música	Estados Unidos	https://www.proarte.org/
Programa Rede Sol	Programa	Prestador de serviços	Diversos	Brasil	http://www.fundacaoculturaldecuritiba.com.br/rede-sol/apresentacao/
Rede ArteSol	Rede	Apoiador	Artesanato	Brasil	http://www.artesol.org.br/quem-somos
RedRoot Artists Cooperative	Cooperativa	Prestador de serviços	Diversos	Filipinas	https://redroot.coop/
Resonate	Cooperativa de plataforma	Plataforma	Música	Estados Unidos	https://resonate.coop/
Rete Doc	Cooperativa	Prestador de serviços	Diversos	Itália	https://www.retedoc.net/
Rhythm Conspiracy	Cooperativa	Apoiador	Música	Estados Unidos	https://www.facebook.com/RhythmConspirac/
Sipp Culture	Comunidade	Educação	Diversos	Estados Unidos	https://sippculture.org/

Nome	Categoria	Tipo	Ramo artístico	País	Página oficial
Smart Coop	Cooperativa de plataforma	Plataforma	Diversos	Suécia	https://smartse.org/
SODAA (Self-Organised Decentralised Accessible Arts)	Comunidade	Espaço	Diversos	Inglaterra	https://sodaa.club/
Soft Surplus	Projeto	Espaço	Diversos	Estados Unidos	https://softsurpl.us/
Sol Collective	Comunidade	Educação	Diversos	Estados Unidos	https://www.solcollective.org/
Sound Coop	Cooperativa	Prestador de serviços	Música	Estados Unidos	https://www.soundcoop.tv/
SPACE OF URGENCY	Rede	Plataforma	Diversos	Alemanha	https://spaceofurgency.org/
Stocksy United	Cooperativa de plataforma	Plataforma	Fotografia	Canadá	https://www.stocksy.com/
Synapsis Performance Collective	Coletivo	Educação	Dança	Estados Unidos	http://synapsisperformance.com/
TAKŁADNIE	Cooperativa	Prestador de serviços	Diversos	Polônia	http://takladnie.com/

ECONOMIA SOLIDÁRIA E ARTE

Nome	Categoria	Tipo	Ramo artístico	País	Página oficial
Talking Dolls	Comunidade	Espaço	Diversos	Estados Unidos	https://talkingdollsdetroit.com/
The Art Coop	Cooperativa	Marketplace	Artesanato	Estados Unidos	https://www.theartcoop.com/
The Artist Co-op	Comunidade	Espaço	Diversos	Estados Unidos	https://www.instagram.com/theartistcoop/
The Artist Cooperative	Cooperativa	Prestador de serviços	Música	Estados Unidos	https://theartistcooperative.com/
The Arts Collaboratory	Programa	Plataforma	Não se aplica	Holanda	https://artscollaboratory.org/
The Convent Art House	Coletivo	Espaço	Não se aplica	Estados Unidos	https://www.theconventarthouse.com/
The Illuminator	Coletivo	Educação	Não se aplica	Estados Unidos	http://theilluminator.org/
The Peoples' Forum	Movimento	Espaço	Não se aplica	Estados Unidos	https://peoplesforum.org/
Theatre of the Oppressed NYC	Cooperativa	Prestador de serviços	Teatro	Estados Unidos	https://www.tonyc.nyc/
Ujamaa Collective	Coletivo	Plataforma	Artesanato	Estados Unidos	https://www.ujamaacollective.org/

Nome	Categoria	Tipo	Ramo artístico	País	Página oficial
Unijazz	Cooperativa	Educação	Música	Brasil	https://www.instagram.com/unijazzbrasil_oficial/
Weavers Project	Comunidade	Educação	Diversos	Estados Unidos	https://www.theweaversproject.org/
YO MAMA'S HOUSE	Cooperativa	Espaço	Diversos	Estados Unidos	https://ambitio-us.org/investee/yo-mamas-house-2/

Fonte: o autor

1.2. Análise das iniciativas

Apresentado o mapeamento, parto a seguir para a análise de cada um dos campos apresentados em seções próprias. Primeiro, analisei aquilo que denominei Categoria das experiências. Com este campo, meu intuito foi descobrir qual termo ou expressão cada projeto usa para se autorreferir. Aqui, considerei exatamente a forma como a própria organização se apresenta em sua página oficial, não inferindo indiretamente a partir de outros dados ou consultando o regime jurídico a que se enquadra. Para esta empreitada, o objetivo é desvelar como elas próprias se enxergam, e me baseei para isso especialmente em suas *taglines* e textos de apresentação na seção "Quem Somos" presentes nas páginas oficiais.

Esse levantamento foi consolidade no quadro abaixo, contendo as categorias e o número de projetos em cada uma das organizações:

Gráfico 1 – Categoria das experiências

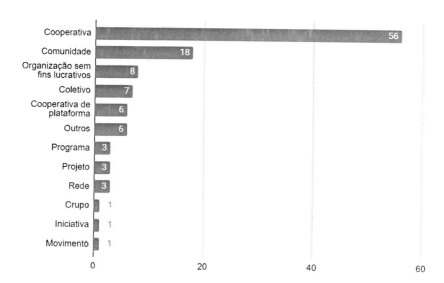

Fonte: o autor

Como se pode observar, a maioria delas se apresenta como uma Cooperativa. Optei por distinguir "cooperativa" de "cooperativa de plataforma" para evidenciar que apenas uma pequena porcentagem das cooperativas se enxerga dentro da proposta nova-iorquina. Dentre todas as categorias, as cooperativas são aquelas que, ao menos formalmente, garantem a seus membros algum nível de participação societária e contribuição nas decisões organizacionais. Desses dois princípios, definidores do que se entende por cooperativismo, esperam-se que se apresentem em maior ou menor grau, além de formas de governança bastante distintas. Quem, quando e como se possui propriedade ou se exerce participação democrática pode variar significativamente, a depender de fatores como porte, origem, modelo, entre outros.

Cabe destacar também que, no caso dos projetos de língua inglesa, é comum encontrar as expressões *"worker-cooperative"* (como no caso da *Eyemole Arts and Technology Co-operative*) e *"worker-owned cooperative"* (usado, por exemplo, pela *Rhythm Conspiracy*). Essas expressões têm a função de destacar o princípio de propriedade dos trabalhadores presente no cooperativismo e se distanciar de propostas intituladas como cooperativas, mas que, na prática, não garantem efetivamente a propriedade compartilhada a seus membros.

Em segundo lugar, temos as Comunidades, um termo que demonstrou bastante afinidade com o meio artístico – a comunidade de artistas. As Comunidades são aquelas que, mais do que se encontrarem para fazer algo juntas, têm como seu principal objetivo o próprio encontro e a conexão pessoal entre os artistas. Ao formar comunidades em um espírito de cooperação e não de competição, os artistas podem aliviar as pressões econômicas e desenvolver seus talentos sem o único objetivo de lucro. Considerando seus desafios profissionais e a precarização de seu trabalho, os laços de solidariedade estabelecidos entre eles são fundamentais não apenas para a superação desses desafios, mas também para sua própria existência e (sobre)vivência.

As outras expressões denotam uma razão mais prática para a reunião desses trabalhadores, enquanto a formação de comunidades dá mais destaque à conexão pela conexão. Essa também é uma categoria que se apresenta mais alinhada à tradição da economia solidária, sendo os laços de solidariedade entre os artistas o principal propósito de seu encontro. Mas, como principal diferença entre as Cooperativas e Comunidades, posso apontar que, por maior que seja a afinidade destas últimas com os princípios cooperativos e solidários, não necessariamente se praticam a propriedade compartilhada e a gestão coletiva. Assim, é possível que sejam de propriedade e geridas por um grupo específico entre seus membros.

Como afirma o manifesto da *Anticapitalism for Artists*: "Esta solidariedade é também um terreno fértil para novas formas de relacionamento onde, livres dos hábitos competitivos da lógica capitalista, podemos encontrar diversão e prazer através da libertação mútua".[34][35]

Então, temos as Organizações sem Fins Lucrativos, que também demonstraram alguma expressividade. Assim como as Comunidades, elas afirmam compromissos com a equidade, justiça e ética no trabalho. Entretanto, não necessariamente se comprometem a compartilhar a propriedade e as decisões com todos os seus membros. Um fator para isso pode ser a desconexão ou mesmo o desconhecimento da proposta do cooperativismo, ou, em segundo lugar, as limitações jurídicas para seu reconhecimento como uma cooperativa formal, um problema enfrentado no Brasil e que será discutido adiante.

As outras categorias, embora numericamente pouco expressivas, apontam para a diversidade de arranjos organizacionais possíveis, que vão muito além das cooperativas formais. Apesar de não serem necessariamente possuídas e geridas pelos próprios trabalhadores, apresentam discursos de preocupação com suas condições de trabalho, sua participação ativa e a disseminação da arte para além de seu propósito financeiro.

Na sequência, analisei os Tipos de projetos listados. Neste campo, meu intuito foi compreender o que essas organizações fazem. Para essa atribuição, além dos textos de apresentação, foram úteis também páginas como as de "Serviços" ou "O que fazemos?". Aqui, não me baseei necessariamente em uma autodefinição explícita do próprio projeto, mas sim em uma inferência e categorização a partir do cruzamento de diversos dados.

---

[34] "This solidarity is also a breeding ground for new ways of relating to each other where, free from the competitive habits of capitalist logic, we can find fun and pleasure through mutual liberation". Tradução nossa.

[35] Disponível em: https://www.anticapitalismforartists.com/manifesto. Acesso em: 6 jun. 2023.

Gráfico 2 – Tipo das experiências

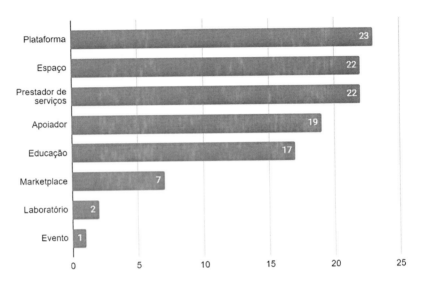

Fonte: o autor

Essa diversidade de Tipos, contando doze apenas daqueles que puderam ser mapeados, mostra que muitas coisas podem ser feitas na cooperação entre artistas. O papel desempenhado por esses laços pode atender a distintas necessidades desses trabalhadores e gerar valor de diversas formas. A multiplicidade de tipos, inclusive, pode se complementar para atender às variadas necessidades dos artistas – eles precisam, por exemplo, de espaços para se encontrarem, recursos para produzirem e marketplaces para venderem suas obras. Assim, desenha-se todo um ecossistema que permite apoios mútuos.

A seguir, detalho o que denomino por cada Tipo:

a. Apoiador: organizações que oferecem apoio com recursos variados (financeiro, tecnológico, infraestrutura, etc.) para artistas e organizações culturais.
b. Educação: organizações voltadas para o ensino artístico, geralmente com o objetivo de atrair e ensinar pessoas de fora do meio.
c. Espaço: locais físicos de encontro entre artistas para ensino, prática e experimentação artística.

d. Evento: encontros periódicos de artistas com o objetivo de debater, criar e trocar experiências.

e. Laboratório: espaços de experimentação artística.

f. Marketplace: lojas virtuais em que os artistas podem disponibilizar e comercializar suas obras.

g. Plataforma: sites ou aplicações digitais que conectam os artistas e suas audiências, permitindo a monetização de seus trabalhos.

h. Prestador de serviços: organizações que oferecem serviços artísticos diversos para o público consumidor.

Conforme se pode observar, a maioria delas se apresenta como uma plataforma. Destaquei que, apesar de apenas cinco projetos se apresentarem como "cooperativas de plataforma", uma parte significativa delas possui uma plataforma digital como infraestrutura fundamental de sua existência. Assim, pode-se notar certo grau de plataformização dessas iniciativas ao buscar outras reapropriações possíveis das plataformas digitais. Por "plataformas", entende-se as organizações baseadas em sites ou aplicações digitais com o objetivo de conectar artistas, consumidores e/ou outros *stakeholders*.

Boa parte dessas plataformas, desde a sua concepção, se posiciona como uma alternativa mais justa e democrática em relação às grandes plataformas corporativas. Assim, a Resonate se apresenta como uma alternativa ao Spotify, a Means TV ao Netflix e a Stocksy United ao Unsplash. Portanto, não necessariamente apresentam grandes diferenças em relação ao modelo de negócios, mas sim ao modelo de governança.

São cooperativas que funcionam como uma espécie de marketplace em que artistas podem oferecer seus produtos e serviços a terceiros sem intermediários. As categorias – banco de imagens, streaming e produção audiovisual independente – permitem que os artistas promovam seus trabalhos com menor custo ou até mesmo sem nenhuma taxa, proporcionando uma transferência superior de renda com o uso de suas imagens, além de participarem das decisões dessas organizações. Dessa forma, conseguem driblar o modelo predatório das plataformas corporativas, que cobram uma parte significativa do valor obtido com a disponibilização de obras, além de não ficarem sujeitas a decisões arbitrárias das plataformas que possam afetá-las.

Quanto ao segundo, detectei que é comum os membros dessas organizações oferecerem serviços ou atuarem como intermediários para que os artistas-membros apresentem suas habilidades. Eles são semelhantes às agências de mídia em termos de serviços oferecidos, mas com a diferença de serem de propriedade coletiva e gerenciados de forma colaborativa. Com o modelo cooperativo, podem ter mais autonomia e melhor remuneração e reconhecimento.

A opção de Espaço nos surpreendeu, porque ao iniciar a pesquisa a partir da ótica do cooperativismo de plataforma e num contexto pandêmico, os espaços físicos pareciam não ter tanta relevância. Porém, considerando que, para boa parte das práticas artísticas, um espaço é necessário – pintura, artesanato, dança, etc. – faz sentido que tenham tamanha relevância, por serem os lugares de encontro entre os artistas e a criação de suas obras. Essa característica ressalta também o caráter local de muitas iniciativas; boa parte delas não possui a pretensão de escalar e se expandir territorialmente (com exceção das plataformas). Muitas consideram que seu propósito está sendo cumprido ao reunir pessoas de seu bairro ou cidade para se expressar artisticamente.

Como principal descoberta trazida por esse campo, destaco a diversidade de funções que podem ser exercidas por essas organizações. Elas podem conectar artistas, promover encontros, vender produtos e serviços, disseminar educação, entre muitas outras atividades. Não vejo evidências de que todas as possibilidades já tenham sido esgotadas nesse sentido; seus muitos formatos mostram que a criatividade dos artistas pode ser empregada não apenas em suas criações artísticas, mas também na definição do que é feito coletivamente.

Outras cooperativas culturais carecem de conhecimento; não têm expertise para administrar uma organização, criar modelos sustentáveis ou desenhar seus processos. Assim, as incubadoras prestam assessoria para orientar essas cooperativas em seu desenvolvimento. Arte e experimentação estão profundamente conectadas; arte e ciência têm mais em comum do que costumamos imaginar. Os laboratórios cooperativos cumprem o papel de serem espaços de descoberta e experimentação da arte. Lá, os cooperadores são livres para exercer suas habilidades sem a pressão do mercado para mercantilizar sua composição. Isso fornece o ambiente perfeito para a criação.

Quando falo em "trabalho artístico", refiro-me a um amplo leque de disciplinas artísticas distintas que envolvem diferentes habilidades, técnicas e procedimentos. Assim, o ramo artístico ao qual cada iniciativa se dedica exerce grande influência sobre quem são os trabalhadores da iniciativa, como se organizam e o que produzem. Portanto, no campo Ramo Artístico, busquei responder à indagação: que tipo de arte é produzida nesses projetos?

Gráfico 3 – Ramo artístico das experiências

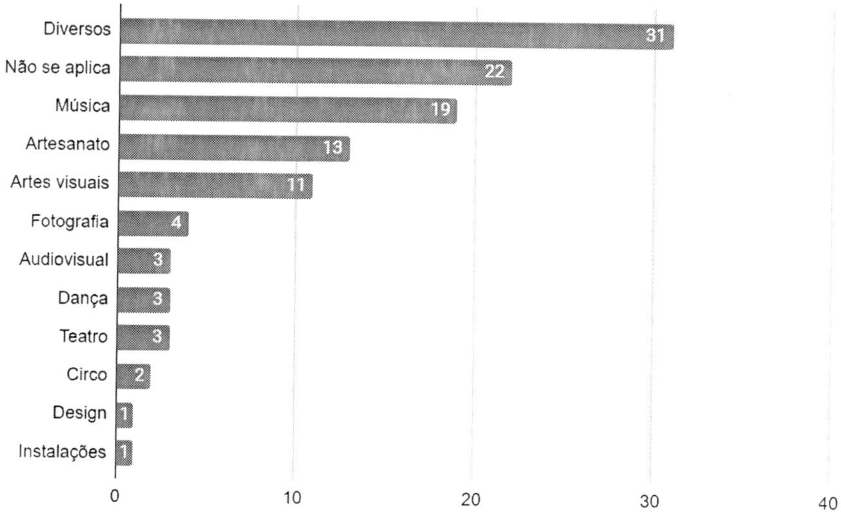

Categoria	Valor
Diversos	31
Não se aplica	22
Música	19
Artesanato	13
Artes visuais	11
Fotografia	4
Audiovisual	3
Dança	3
Teatro	3
Circo	2
Design	1
Instalações	1

Fonte: o autor

Para nem todas as iniciativas foi possível atribuir um único ramo; boa parte delas abrange uma variedade de ramos e não se liga a ramos específicos. Para esses casos, atribuí a categoria "Diversos". As experiências classificadas com essa categoria dizem respeito a organizações, geralmente localizadas em um espaço físico específico, onde múltiplas disciplinas artísticas são praticadas. São geralmente ateliês e galerias onde artistas de distintas técnicas se reúnem para criar, muitas vezes mesclando diferentes formatos artísticos. Para outros, por sua natureza, seu trabalho não está vinculado a produções artísticas concretas, sendo mais voltados para as artes ou artistas de modo geral; nesses casos, utilizei a categoria "Não se aplica". Portanto, nessa categoria, incluí experiências que se dirigem aos artistas em geral, independentemente de suas competências. Ainda assim, boa parte delas se dedica a um formato específico de arte, que está profundamente enraizado em sua forma de ser e agir. É o caso, especialmente, das plataformas que conectam artistas, sejam eles músicos, artesãos, fotógrafos ou outros profissionais.

Dentre aquelas dedicadas a um ramo específico, identifiquei a preponderância da música. Dentre as iniciativas musicais, posso destacar as plataformas (como Resonate, Ampled e Groupmuse) que se apresentam como alternativas às plataformas corporativas de *streaming*, oferecendo mais poder aos músicos e melhores remunerações. Vale ressaltar também a presença de orquestras que se apresentam formalmente como cooperativas, sendo duas norte-americanas (Louisiana Philharmonic Orchestra e Pro Arte Chamber Orchestra of Boston) e uma brasileira (Unijazz).

Em seguida, a forte presença do Artesanato também se apresentou como uma interessante descoberta. Num mundo cada vez mais digital, foi curioso encontrar tantos grupos dedicados a produzir artes essencialmente analógicas. Em tempos cada vez mais mecanizados, são grupos que insistem em produzir arte com as próprias mãos. Dentre esses, destaco a *Artisans*[36], que se apresenta como um "marketplace melhor para a comunidade artesã"[37]. Tal insight nos levou a pensar em um "cooperativismo artesanal" (BARCELLOS, 2023) por ir na contramão não apenas de como os negócios têm sido geridos, mas também de como a arte é produzida. No Brasil, posso destacar a presença da Rede ArteSol[38], uma organização sem fins lucrativos voltada para apoiar artesãos do país e refletir sobre políticas públicas para eles. Assim como a Cooperativa de Arte Feminina (Coostafe)[39], a primeira cooperativa do Brasil formada por mulheres presas.

É preciso destacar também a expressiva existência de experiências ligadas às Artes Visuais. Neste grupo, posso ressaltar o trabalho da comunidade Anticapitalism for Artists[40] e do coletivo Autonomous Design Group[41]. Ambos se dedicam à criação de ilustrações que provocam a reflexão sobre as mazelas do capitalismo e as alternativas possíveis a ele, com o objetivo de incentivar a consciência de classe entre artistas. Também

---

[36] Disponível em: https://artisans.coop/. Acesso em: 22 ago. 2023.

[37] "A better marketplace for the handmade community!". Disponível em: https://artisans.coop/. Acesso em: 22 ago. 2023. Tradução nossa.

[38] Disponível em: http://www.artesol.org.br/quem-somos. Acesso em: 22 ago. 2023.

[39] Disponível em: https://www.instagram.com/coostafe/. Acesso em: 22 ago. 2023.

[40] Disponível em: https://www.anticapitalismforartists.com/. Acesso em: 22 ago. 2023.

[41] Disponível em: https://www.weareadg.org/. Acesso em: 22 ago. 2023.

cabe mencionar a iniciativa argentina Cooperativa di Diseno[42], cujo lema é "Construir o design por e para o povo latinoamericano". A cooperativa oferece diversos serviços de ilustração para projetos de impacto social, com uma visão mais integral e holística.

Por fim, identifiquei também experiências voltadas para disciplinas artísticas como Fotografia, Teatro, Audiovisual, Dança, Circo, Design, Instalações e Pintura. A diversidade e a presença de praticamente todos os ramos artísticos apontam que a inexistência de experiências em um campo ou outro, atualmente não diz respeito a uma limitação *a priori*. Artistas de todas as disciplinas artísticas podem se beneficiar de modelos mais horizontais e equitativos de organização de seu trabalho.

Agora, vamos olhar para os países onde essas iniciativas estão localizadas. O fator geográfico também se apresenta como um elemento de influência nas características das iniciativas. Sua história, como se apresentam e o que fazem é diretamente influenciada pelo contexto geográfico em que estão inseridas. Assim, torna-se importante compreender as particularidades que cada país imprime nas experiências que dele emergem.

Vejamos a expressão numérica de iniciativas mapeadas em cada país:

Gráfico 4 – País das experiências

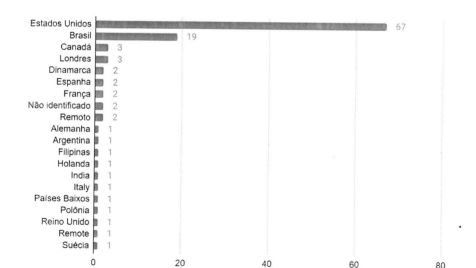

Fonte: o autor

[42] Disponível em: https://cooperativadedisenio.com/. Acesso em: 22 ago. 2023.

Uma primeira análise a ser feita diz respeito à distribuição geográfica dessas iniciativas. Os resultados foram encontrados em praticamente todos os continentes: América, Europa, Ásia e Oceania, indicando uma tendência internacional e expansiva do movimento. Dentre as listadas, a grande maioria está sediada no Norte Global, sendo evidente sua concentração na América do Norte e na Europa. O país onde elas estão mais concentradas é os Estados Unidos, com sessenta e oito dos projetos mapeados, uma expressiva concentração, considerando que isso representa quase 60% do total. Dessas, praticamente metade (trinta e três) se denominam cooperativas. Isso aponta para um fértil terreno local nos EUA para tais experiências, na medida em que é provocado um efeito de rede: quanto mais iniciativas existem, mais a proposta é disseminada e incentiva a criação de novas. Há uma aderência no país ao modelo cooperativista, em comparação com as outras categorias de autodenominação encontradas.

É importante destacar que nenhuma das listadas está situada no continente africano, e tem tímida expressão também na América do Sul, América Central, Ásia e Oceania. Com a notável diversidade cultural e tradição de produção de arte nessas regiões, o potencial dessas iniciativas ainda precisa florescer. A necessidade desse movimento já foi percebida, por exemplo, pelo Platform Cooperativism Consortium (PCC), que, das 10 edições de sua conferência anual[43], teve 6 nos EUA, mas se deslocou para o Brasil em 2022 e para a Índia em 2023.

Além disso, pode-se refletir que, apesar de boa parte delas ter uma plataforma digital como infraestrutura básica de seu funcionamento, seu enraizamento em países específicos é expressivo. Diferentemente das gigantes plataformas corporativas que passam a ter uma atuação transnacional, a localidade ainda é um fator fundamental nas experiências alternativas. Como exceção a isso posso citar a Stocksy[44], a iniciativa de maior porte dentre as listadas e comumente citada como uma das maiores referências do cooperativismo de plataforma, que, apesar de possuir uma sede física no Canadá, atua em diversos países. Em apenas duas das experiências não foi possível identificar um país de origem, e uma delas atua de forma totalmente remota.

Se a ambição das plataformas corporativas é ir do local para o global, a das plataformas cooperativas e solidárias pode ser a de se ater ao local. Esse fenômeno coloca em questão distintas definições de "escalar", um

---

[43] Disponível em: https://platform.coop/events/. Acesso em: 22 ago. 2023.

[44] Disponível em: https://www.stocksy.com/. Acesso em: 22 ago. 2023.

dos maiores jargões empreendedores do momento, e que pode assumir um sentido distinto nessas experiências. Isso não quer dizer que tais alternativas não ambicionam crescer e se expandir em métricas como receita, membros e alcance. Mas o valor atribuído a cada uma dessas métricas passa por outros filtros de análise, que talvez não sejam apenas o de crescer por crescer, mas sim o de crescer para (inter)cooperar ainda mais. O sonho do capitalismo é crescer um imponente tronco, enquanto o do cooperativismo é criar sólidas raízes. Um se importa apenas em crescer para cima, enquanto o outro valoriza mais o crescimento para baixo.

Dessa forma, posso apontar para a necessidade de uma maior dispersão geográfica das organizações artísticas alternativas, principalmente em direção ao Sul Global. Tendo em conta sua história e origem, é natural que se concentrem mais ao norte. No entanto, isso não pode ser uma desculpa para não explorar seu potencial na América do Sul e na África. E isso deve ser feito não apenas importando modelos do norte, mas considerando as necessidades e especificidades locais. Nesses países, os artistas enfrentam um desafio ainda maior para ganhar a vida com sua produção, portanto, a vantagem do modelo cooperativo para eles é ainda mais significativa.

Analisada a dispersão geral das iniciativas pelos diversos países, abordemos agora especificamente sua presença no Brasil. Conforme discutido nas reflexões metodológicas, evidentemente estar situados no país contribui para a identificação de iniciativas nele, em detrimento de países mais distantes e de outras línguas. Assim, as comparações aqui realizadas são sempre entre os *projetos encontrados* e não necessariamente a totalidade de *projetos existentes*. Entretanto, tal fato não subtrai o valor das descobertas realizadas, sendo certa a parcialidade e a afetação do sujeito em relação ao objeto; em última instância, essa é a condição de toda pesquisa científica. Sendo o 2º país com mais projetos mapeados e representando pouco mais de 17% do total da lista, entendo que sua presença no país é expressiva e aponta para um terreno fértil para sua proliferação e desenvolvimento. No entanto, para isso, é preciso também superar algumas barreiras que serão discutidas a seguir.

O Brasil é um país conhecido mundialmente por sua diversidade cultural. É quase impossível ouvir seu nome sem pensar logo em sua arte – música, pintura, grafite, literatura e tantos outros formatos. Essa produção atualmente se limita aos modos de organização capitalistas ou existe abertura para a existência de alternativas? De início, apresentei a lista completa das iniciativas mapeadas situadas no território brasileiro, com suas respectivas descrições.

Quadro 4 – Mapeamento das iniciativas brasileiras

Nome	Categoria	Descrição
Artista Solidário	Projeto	Não encontrado.
Clownperativa	Cooperativa	Não encontrado.
CNACOOP	Cooperativa	A Cooperativa Nacional das Artes é uma cooperativa que oferece soluções administrativas, técnicas e operacionais para nossos cooperados, uma cooperativa de trabalho que atende exclusivamente o setor artístico e cultural, seguimentos fundada em 19 de setembro de 2014.
Constelação das artes	Cooperativa	Produtos de qualidade & sustentáveis produzidos por mãos criativas. Comprem das mãos de quem faz. Mulheres empreendendo com muito amor.
ContratArte	Iniciativa	Somos pessoas que querem transformar o mundo, motivadas, determinadas, inquietas. Indivíduos que não ficaram passivos frente aos acontecimentos do ano de 2020 relacionados ao impacto da pandemia na cadeia produtiva cultural, e que decidiram promover mudanças positivas na sociedade.
Cooperativa Art Ilha	Cooperativa	Não encontrado.
Cooperativa Brasileira de Circo	Cooperativa	Somos uma entidade criada e mantida pelo próprio setor circense. Nosso objetivo é fortalecer o trabalho do artista que ao longo das décadas, vem resistindo, criando e recriando a arte milenar do circo. Nós pensamos, organizamos e abrimos novos caminhos para políticas públicas na área. Contamos hoje com quase 500 cooperados espalhados por todo o país.

Cooperativa Brasileira de Música	Cooperativa	Cooperativa Brasileira de Música é uma cooperativa multimídia que produz conteúdo de alta qualidade para você. Nenhum projeto é muito grande ou muito pequeno. Se você precisa que entreguemos o pacote completo desde a arte de capa de um CD ou a produção de um videoclipe, nós podemos ajudar. Nossa experiente equipe pode ajudá-lo em todos os aspectos do processo.
Cooperativa de Arte Feminina – Coostafe	Cooperativa	(Coostafe) é a primeira cooperativa do Brasil formada por mulheres presas.
Cooperativa de Artistas Visuais do Brasil – Cooperartista	Cooperativa	Não encontrado.
Cooperativa de Música	Cooperativa	Não encontrado.
Cooperativa Paulista de Dança	Cooperativa	No ano de 2005 alguns coreógrafos e bailarinos de São Paulo decidiram fundar a COOPERATIVA PAULISTA DE DANÇA com o intuito de estimular a produção de dança, a pesquisa, a divulgação e formação de público tendo como referência um lugar em comum que pudesse ajudá-los, estimulá-los e compreendê-los. Nascia assim, uma instituição de caráter jurídico-artístico cuja preocupação é a de manter e atualizar a perspectiva dessa arte no Estado.
Cooperativa Paulista de Teatro	Cooperativa	Não encontrado.
Cooperativa Social dos Artesãos Empreendedores do Paraná – Cooparte	Cooperativa	Uma Cooperativa de Artesãos onde você encontra vários produtos para o Lar e decoração em tecidos, vidros, bordados, tela, patchwork, cerâmica, reciclados, entre outros.
Cooperativa Uni Arte Costura	Cooperativa	Mulheres, mães, esposas e produtoras de brindes sustentáveis desde 2010

Coopermusp	Cooperativa	Cooperativa de Músicos do Estado de São Paulo. Incentivamos e valorizamos a diversidade Cultural.
Fórum Permanente	Outros	O Fórum Permanente, Museus de Arte, entre o público e o privado – FP, é uma Associação Cultural que opera como uma plataforma flutuante para a crítica, ação e mediação cultural, nacional e internacionalmente, em diferentes níveis do sistema de arte contemporânea. Sua estrutura é baseada inicialmente em uma rede de parcerias com diversos agentes atuantes nos campos das artes e da cultura, instituições de arte e agências culturais estrangeiras e nacionais, sejam da esfera pública ou privada. Em operação desde 2003, adquiriu figura jurídica como associação cultural em 2009.
Programa Rede Sol	Programa	Um dos mais importantes programas de responsabilidade social do Paraná, o Rede Sol é mantido pela Fundação Cultural de Curitiba. Desde 1997, é composto por artistas voluntários de diversas áreas, que proporcionam momentos de fruição artística e descontração para aqueles que estão afastados temporariamente do convívio social seja por motivo de saúde, abandono ou por imposição da justiça. Pessoas em hospitais, lares de idosos, escolas especiais, unidades sociais oficiais, centros de atenção psicossocial, hospitais psiquiátricos e orfanatos recebem espetáculos de música, literatura, teatro, dança e outras atividades graças ao Rede Sol. O programa proporciona a inclusão social por meio da cultura e contribui para o desenvolvimento físico e intelectual da população beneficiada.

Rede ArteSol	Rede	A Artesol é uma organização da sociedade civil brasileira fundada em 1998, sem fins lucrativos, independente e apartidária, que apoia os artesãos de todo o território nacional e atua como um centro de pesquisa, de reflexão e de formação para políticas públicas.
Unijazz	Cooperativa	Cooperativa de Profissionais da Música e Educação Musical, criada com o objetivo de promover cultura

Fonte: o autor

Para iniciar a análise nacional, apresentei a Categoria dos projetos brasileiros mapeados:

Gráfico 5 – Categoria das experiências brasileiras

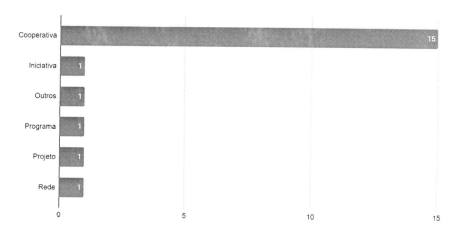

Fonte: o autor

Como se pode observar, a maior parte dos projetos encontrados se autodenominam cooperativas. Portanto, assim como nos EUA, nota-se também uma prevalência desse modelo no contexto brasileiro. Uma das possíveis justificativas para esse dado é a tradição brasileira do cooperativismo, cujo início do movimento remonta ao ano de 1889[45]. Assim, a

---
[45] Disponível em: https://www.ocbrr.coop.br/cooperativismo/historia-do-cooperativismo. Acesso em: 22 ago. 2023.

forte presença desse modelo no país pode ser um fator que faz com que uma parte significativa das experiências que tentam se consolidar como alternativas adote tal modelo.

Gráfico 6 – Tipo das experiências brasileiras

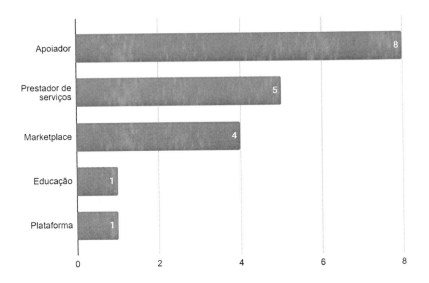

Fonte: o autor

    Como se pode observar, a grande maioria das experiências brasileiras tem como função ser um recurso disponível para os trabalhadores. Em segundo lugar, temos as prestadoras de serviços; quanto a esse ponto, cabe uma relação com o fenômeno da "pejotização" nacional. Com boa parte dos brasileiros vivendo o "emprecariado", as cooperativas de prestadores de serviços aparecem naturalmente como uma expressão dessa tendência, mas com princípios cooperativistas.

    E as cooperativas culturais que não são necessariamente baseadas em uma plataforma existem no Brasil? É importante notar também a baixa expressividade das plataformas, o que indica um baixo nível de plataformização dessas experiências. Se, por um lado, a plataformização em geral do mercado artístico está em alta, essa tendência ainda não chegou às experiências alternativas.

Com mais pesquisas, encontrei o ContratArte[46], uma iniciativa do Instituto Federal de Educação, Ciência e Tecnologia do Rio Grande do Sul (IFRS). O projeto, liderado por alunos e professores, criou uma plataforma aberta e colaborativa para conectar artistas e consumidores. Na plataforma, os artistas podem criar seu perfil para apresentar a si mesmos e seus trabalhos, enquanto os consumidores podem descobrir a arte de que gostam e contratar os artistas diretamente na plataforma. No entanto, a ausência de atualização recente em seus canais oficiais indica que, provavelmente, o projeto está dormente ou foi descontinuado.

Gráfico 7 – Ramo artístico das experiências brasileiras

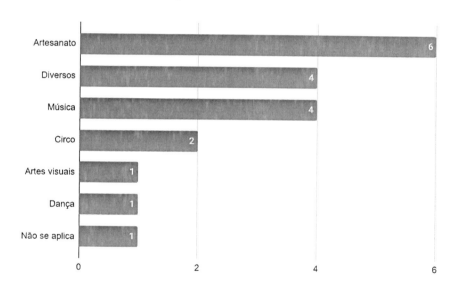

Fonte: o autor

Neste último gráfico, podemos observar a maior expressividade no Brasil das práticas artísticas ligadas ao artesanato. Um dos possíveis fatores para isso pode ser a característica fortemente turística do país, que faz com que obras artesanais sejam constantemente compradas como lembranças de viagem. Além disso, ressalta a presença dos artistas andarilhos, que percorrem o país (sobre)vivendo das obras que vão vendendo pelo caminho. Esses trabalhadores incorporam o estereótipo do artista

---

[46] Disponível em: www.contratarte.art.br. Acesso em: 22 ago. 2023.

que "larga tudo para vender sua arte na praia". Contudo, também estamos falando de organizações que produzem artesanato em maior escala, contando com uma estrutura e orientadas para vendas em larga escala.

Também foram encontradas experiências voltadas para o circo, a dança, as artes visuais e o teatro. Dentre todas as opções do campo Ramo Artístico, destaco que não foram encontradas iniciativas ligadas ao audiovisual e à fotografia, como em outros países. Isso sinaliza uma oportunidade inexplorada para artistas dessas áreas, alinhados com as propostas cooperativas e solidárias.

As iniciativas encontradas no país indicam que a criação de um ecossistema cooperativo e solidário de artistas não está muito longe do Brasil. Já existem atores (indivíduos e organizações) demonstrando interesse em criar um setor artístico baseado nesses princípios. Espero que o presente mapeamento possa fortalecer esse ecossistema nacional e incentivar o desenvolvimento de novas iniciativas no segmento das Artes.

Com relação ao campo de Página oficial, considero importante observar que não me refiro a websites, pois nem todos os projetos analisados possuem um site ativo e atualizado. Uma parte deles utiliza um perfil nas redes sociais, especialmente Instagram e Facebook, para se apresentar, publicar atualizações sobre seu trabalho e engajar sua comunidade.

Um dos possíveis fatores para isso são os custos relacionados à criação e manutenção de um site institucional. Esses custos envolvem não apenas a contratação de um webdesigner para sua criação, mas também despesas ligadas ao registro de domínio, manutenção de servidores, entre outros. Além disso, sua atualização demanda tempo da equipe e, muitas vezes, devido a possuírem equipes enxutas que já acumulam diversas outras tarefas, essa responsabilidade acaba sendo despriorizada.

Se algumas delas podem prescindir de um website institucional, sua presença nas redes sociais é considerada fundamental. Isso ocorre porque, por meio dessas plataformas, conseguem crescer e nutrir sua comunidade, atrair novos clientes e apoiadores, além de ampliar a visibilidade de seus trabalhos. Assim, na decisão sobre quais canais priorizar, considerando suas limitações de recursos, as redes sociais acabam prevalecendo sobre os sites. Isso se reflete em alguns campos do mapeamento que não puderam ser preenchidos devido à ausência de informações oficiais.

Neste capítulo, apresentei e analisei uma cartografia das experiências alternativas de governança do trabalho artístico mapeadas. Como pudemos ver, elas existem, são relativamente numerosas, apresentam dispersão geográfica e uma diversidade de categorias, tipos e atividades. Apesar das limitações metodológicas apresentadas, acredito que esse esforço pode ser útil não apenas para meu empreendimento neste trabalho, mas também servir de fonte para pesquisas futuras no campo. Essa fase exploratória inicial foi o que forneceu as bases para que fossem definidos os temas discutidos no restante do livro, pois busquei aprofundar as discussões teóricas que apareciam de modo comum entre as iniciativas, ainda que sob perspectivas distintas.

OS *GIG WORKERS* ORIGINAIS – CAPITALISMO E TRABALHO ARTÍSTICO

*Eu acredito que a resistência e
a mudança comumente começam com arte.*[47]

(DisCO Cooperative)

Falar em "trabalho artístico" costuma soar como uma contradição nos próprios termos. Aqueles que produzem arte raramente se veem ou são vistos propriamente como trabalhadores. No imaginário popular, o artista é aquele que, com talento e coragem, conseguiu vencer o trabalho, não precisando mais dele para garantir sua subsistência, que passa a ser assegurada pelo livre exercício da expressão de sua personalidade criativa. As experiências aqui estudadas partem da afirmação, nem sempre tão óbvia, de que o artista trabalhador está inserido no modo de produção capitalista e também sofre com sua lógica exploratória.

Fazemos coro à proposição, defendida por uma série de autores que serão apresentados neste capítulo, de que o trabalho artístico é uma das principais metáforas do trabalho em geral no capitalismo do século XXI. Além desses autores, essa visão também se manifesta na expressão, constantemente mencionada no campo, de que "os artistas são os trabalhadores de bico originais"[48].

Essa perspectiva argumenta que o que se apresenta como uma transformação nas profissões tradicionalmente formais constitui, historicamente, a essência do trabalho do artista. Nas palavras de uma das principais pesquisadoras brasileiras a respeito do trabalho artístico: "o artista pode ser considerado uma metáfora do trabalho no mundo contemporâneo" (Segnini, 2016, p. 69).

Dou um passo além, afirmando que eles são um grupo central em um duplo sentido: por um lado, são historicamente uma classe essencial-

---

[47] "I believe that resistance and change often begins in art". Tradução nossa.

[48] "Artists are the original gig workers". Tradução nossa.

mente precarizada; por outro, podem ser uma das classes mais potentes para a criação de alternativas. Se o que se denomina *"gig work"* teve suas primeiras experiências nesse segmento, é nele também que podem surgir outros arranjos organizacionais do trabalho, baseados na propriedade compartilhada e na gestão coletiva. Artistas podem produzir não apenas obras de arte, mas também novos mundos – inclusive, mundos do trabalho.

Assim, neste capítulo, defendo a hipótese de que o trabalho artístico é um modelo do trabalho em geral na atualidade, mas pode ser também o de um outro trabalho do amanhã – mais justo e democrático. A originalidade aqui proposta reside em fazer convergir três campos da literatura ainda pouco explorados em conjunto: aquele sobre o trabalho artístico, o que diz respeito aos efeitos das novas tecnologias no trabalho e o que discute modelos alternativos de organização do trabalho.

Neste capítulo, o objetivo é discutir as relações entre o trabalho artístico e o capitalismo contemporâneo, buscando elucidar o contexto em que surgem as alternativas. De início, discuto, a partir das entrevistas e da revisão de literatura, o conceito de "trabalho artístico", colocando em diálogo definições próximas e debatendo sua abrangência e limitações, especialmente delimitando-o dentro do universo geral do que se tem chamado de "trabalho criativo", que é muito mais amplo que o primeiro. Em seguida, discorro sobre as relações entre capitalismo e arte, mostrando como o papel das artes é central na produção e reprodução do capital. Na sequência, trato do papel dos artistas na resistência aos fenômenos discutidos, bem como dos desafios do mercado de trabalho que se impõem a eles. Por fim, dediquei-me a discutir o fenômeno da plataformização do trabalho artístico, buscando compreender seus efeitos particulares sobre esse público.

2.1. Fazer arte é trabalho?

Para iniciar, discutamos os motivos da escolha do conceito de "trabalho artístico", uma das principais palavras-chave da presente pesquisa. Muitas são as propostas conceituais disponíveis que buscam delimitar o trabalhador que atua diretamente com a criatividade, especialmente com a disseminação da concepção da centralidade desse tipo de trabalho nos regimes de produção e circulação de valor da contemporaneidade. No momento das definições metodológicas da pesquisa, refleti sobre o conceito mais apropriado para expressar o recorte desejado.

Diversas outras expressões, que serão apresentadas logo adiante, surgiram como opções e têm sido adotadas por trabalhos similares. Esses conceitos são articulados aqui e possuem conexão direta com o recorte escolhido, mas abrangem e direcionam para outras questões que não são o meu objeto aqui. Além disso, são campos muito mais amplos que incluem outras profissões, trazendo fatores que vão além da discussão proposta. Minha intenção é centrar em quem realmente *produz arte*, deixando para outros trabalhos a reflexão sobre outros atores da cadeia de produção artística, cultural e/ou criativa.

Na fase empírica, identifiquei evidências da importância atribuída à afirmação dos trabalhadores das iniciativas estudadas como artistas. Na maioria dos casos, eles não se autointitulam como "trabalhadores da economia criativa" ou "trabalhadores do setor cultural", mas sim como *artistas*. Há um certo grau de resistência em se afirmar como artista, enquanto a grande maioria se considera "profissional do segmento tal". Também existe uma relevância em se afirmar como continuidade de uma tradição – ao me identificar como artista, reconheço antepassados desde os primórdios da História.

Para exemplificar como as iniciativas estudadas encaram a definição do trabalho artístico, destaco duas das respostas apresentadas nas entrevistas. A Cosmos Coop, ao ser questionada sobre o que entende por trabalho artístico, oferece a seguinte definição:

> *Na prática [...] temos trabalhado com uma noção bastante tradicional do que constitui "trabalho artístico" – por exemplo, textos, imagens, áudio e vídeo que expressam uma ideia coesa e criativa. Esses trabalhos também tendem a se preocupar com como eles se apresentam (ou seja, sua estética ou atenção à beleza/forma), tanto quanto com o que eles estão apresentando.*[49] (Entrevista Cosmos Coop).

Dessa definição, podemos destacar seu viés prático, com ênfase nas técnicas envolvidas no *fazer artístico*, bem como sua dimensão representacional. A resposta demonstra preocupação com a ideia que a arte representa e o modo como isso é feito, considerando seu objeto e estética. No entanto, também é possível encontrar respostas mais filosóficas, como aquela oferecida pela DisCO.

---

[49] "In practice [...] we've been working with a rather traditional notion of what constitutes "artistic work"—for example, texts, images, audio and video that are expressive of a cohesive and creative idea. These works also tend to be concerned with *how* they present themselves (i.e., their aesthetics or attention to beauty/form) as much as *what* they are presenting". Tradução nossa.

> *Acredito que a resistência e a mudança muitas vezes começam na arte. A arte permite-nos brincar com fatos, ficção e abstração e tem um imenso potencial para moldar e prefigurar realidades. A arte e o ativismo desempenham um papel fundamental na formação de novas formas organizacionais; cada um deles tem a capacidade de revelar as possibilidades práticas e a essência de um assunto, meio ou tecnologia. Entendo a arte como um bem comum e, ao materializar e moldar o que será, permite ao público aceder e aproximar-se de potenciais realidades futuras e meios de resistência face à luta.*[50] (Entrevista DisCO Cooperative).

Na definição oferecida pela cooperativa, notei que o foco se desloca para o papel prefigurativo e organizacional da arte. Junto com o que chamam de "resistência", colocam ênfase na sua capacidade de gerar vislumbres de outras realidades futuras, aproximando-as do presente. Essa conceituação apresenta pleno alinhamento com meu argumento central, de que, por meio da arte, podemos conceber novas formas de organizar o trabalho em geral. É notável também afirmarem o termo "começam" – colocando a arte em relação à mudança não de forma utilitária, mas ontológica. A mudança muitas vezes não existe a priori à arte, que viria para embelezá-la ou potencializá-la, mas é a própria arte que dá o pontapé nela. A arte não é convocada a decorar ou reforçar uma resistência pré-existente; ela é a nascente do rio da mudança. É notável também o uso do verbo "brincar" [*to play*], que traz ludicidade e experimentação para o universo da política, muitas vezes demasiadamente sério e formalizado. Não é exatamente isso que as crianças fazem ao brincar: moldar e prefigurar realidades?

Dialogando com as definições encontradas na literatura, é possível notar uma tendência a usar o termo "criativo" [*creative*] para se referir tanto ao trabalho que produz arte quanto ao setor em que esses trabalhadores se inserem. Diversos autores optam por trabalhar com noções como as de "trabalhador criativo" [*creative worker*] (De Peuter, 2014; Giblin; Doctorow, 2022; Siciliano, 2021), "trabalho criativo" [*creative labour*] (Duffy, 2021; Hesmondhalgh; Baker, 2011), "classe criativa" [*crestive class*] (Florida, 2012) e até "economia da criatividade" [*The Economics of Creativity*] (Menger,

---

[50] "I believe that resistance and change often begins in art. Art allows us to play with fact, fiction and abstraction and holds an immense potential to shape and prefigure realities. Art and activism play a key role in shaping new organizational forms; they each have the ability to reveal the practical affordances and essence of a subject, medium or technology. I understand art as a commons, and by materializing and shaping what it will be, it enables the audience to access and approach potential future realities and means of resistance in the face of struggle". Tradução nossa.

2014). Não apenas na literatura acadêmica, mas também na literatura não especializada e mesmo no vocabulário corporativo, o conceito de criatividade parece nunca ter sido tão proferido.

Entretanto, em primeiro lugar, este conceito não é muito utilizado pelas próprias iniciativas estudadas. O termo "criativo" [*creative*], quando empregado em seus textos de apresentação, na maioria das vezes aparece como um adjetivo para se referir a coisas, como em "feedback criativo" [*creative feedback*] *(The Cartoonist Cooperative)*, "projetos criativos" [*creative projects*] *(Cosmos Cooperative)* e "trabalho criativo" [*creative work*] *(Obvious Agency)*; mas não para qualificar os trabalhadores. Apenas o *Abbostford Convent* se refere a uma "comunidade criativa" [*creative community*], a *DiGiDi* menciona "indústria criativa" [*creative industry*] e a *Femnoise* fala em "indústrias criativas" [*creative industries*]. Porém, a palavra "artistas" [*artists*] aparece nas apresentações de 24 das iniciativas cartografadas. Assim, mais do que "criativos", esses trabalhadores se veem como "artistas".

Como outra justificativa, busquei evitar a vagueza do conceito de criatividade. Isso porque, conforme argumenta McRobbie (2004), existe uma tendência de disseminação da noção de criatividade para todos os setores da economia, além daqueles tradicionalmente considerados "criativos". Ser criativo deixou de ser uma característica do trabalho ligado às artes para se tornar um imperativo para todos os tipos de profissionais. Sobre profissionais de todos os tipos cresce um imperativo que demanda "monte seu próprio negócio, seja livre para fazer suas próprias coisas. Viva e trabalhe como um artista"[51] (McRobbie, 2004). A experiência dos artistas como laboratório inicial da precariedade, foi eficaz em seus propósitos e, como um remédio aprovado em testes, agora se espalha em série para todos os setores da economia.

> [...] o novo fenômeno das artes e da cultura tornam-se um modelo de como o crescimento económico deve ser prosseguido e com isso os padrões de trabalho freelance e auto-emprego associados ao facto de ser um artista.[52] (McRobbie, 2004).

Isso faz com que se passe a falar em "precariedade criativa" (Quiña, 2015), "precariado criativo" [*creative precariat*] (De Peuter, 2014) e até

---

[51] "Set up your own business, be free to do your own thing. Live and work like an artist". Tradução nossa.

[52] "The new phenomena of the arts and culture becoming a model for how economic growth is to be pursued and with this the patterns of freelance work and self employment associated with being an artist". Tradução nossa.

mesmo em "classe criativa" [*creative class*] (Florida, 2011). De acordo com Richard Florida (2011), conhecido por seus estudos sobre a centralidade da criatividade na economia contemporânea, o autor argumenta que seus efeitos foram tão intensos que deram origem a uma nova classe, cuja capacidade de criar se tornou seu instrumento de trabalho. Assim, Florida (2011) afirma que atualmente coexistem três classes sociais:

1. a classe trabalhadora [*worker class*];
2. a classe de serviços [*service class*]; e
3. a classe criativa [*creative class*].

Sendo esta a grande novidade dos tempos, quando a criatividade passa a assumir centralidade nos processos de criação e circulação econômicos, considera-se que é nela que tem origem tudo aquilo que gera valor. Por isso, passa a ser valorizada como um ativo central do trabalhador-modelo do século XXI. Conforme afirma:

> A impulsionar as grandes mudanças em curso do nosso tempo está a ascensão da criatividade humana como característica definidora da vida económica. A criatividade passou a ser valorizada – e os sistemas evoluíram para a encorajar e aproveitar – porque é cada vez mais reconhecida como a fonte de onde fluem novas tecnologias, novas indústrias, novas riquezas e todos os outros bens económicos positivos. Como resultado, as nossas vidas e a sociedade começaram a ressoar com um espírito criativo.[53] (Florida, 2011, p. 15).

Além disso, converso com noções similares, que escolhem falar em "produção cultural" (Nieborg; Poell; Duffy, 2021), "setor cultural" (Sandoval, 2017), "indústria cultural" (Adorno; Horkheimer, 1986) ou no plural "indústrias culturais" (Siciliano, 2021) e "indústrias criativas" (Hesmondhalgh, 2018). Entretanto, a referência genérica a "trabalhadores do setor cultural" traz pouca precisão para o tipo de trabalhadores a que me refiro.

Essa noção abarca também o "trabalho técnico, necessário para a realização do trabalho artístico" (Segnini, 2016, p. 8), mas inclui uma série de profissões além da artística. Não pretendo discutir aqui o papel

---

[53] "Powering the great ongoing changes of our time is the rise of human creativity as the defining feature of economic life. Creativity has come to be valued—and systems have evolved to encourage and harness it—because it is increasingly recognized as the font from which new technologies, new industries, new wealth, and all other good economic things flow. As a result, our lives and society have begun to resonate with a creative ethos". Tradução nossa.

de produtores, técnicos, professores, engenheiros e outros, que são fundamentais para a produção artística, mas que trazem outras questões que não desejo abordar neste trabalho.

Um outro termo bastante comum no meio é o de trabalhador cultural [*cultural worker*]. Ele pode ser encontrado nos trabalhos de De Peuter (2014) e é citado no texto descritivo de duas iniciativas mapeadas: *Art. coop* e CAST (*the Community Arts Stabilization Trust*). De modo geral, em países de língua inglesa, costuma-se empregar mais o termo "cultural" para qualificar os trabalhadores [*cultural workers*] do que o termo "artistas". Fala-se de "trabalhadores culturais" ou "artistas", mas raramente de "trabalhadores artistas". Porém, apesar de ser um pouco mais preciso que "trabalhador criativo", também rejeito a expressão por sua abrangência; a esfera da cultura é muito mais ampla que a artística e me levaria para além do escopo pretendido.

Meu interesse aqui está nas singularidades do trabalho do artista, pois minha tese central é que este (e não os "trabalhadores criativos" em geral) possui uma especial potência para a imaginação e criação de novos arranjos do trabalho na economia digital. Julgo importante reafirmar a dimensão do trabalho do artista e investigar suas especificidades, pois entendo que ele é um ator chave para compreender tanto o processo maior de precarização e plataformização do trabalho quanto a imaginação de novas realidades possíveis do trabalho em plataformas. É nos seus "ateliês" que novos mundos do trabalho podem nascer.

A respeito da definição de trabalho artístico, Liliana Segnini (2008) analisa a produção artística a partir da dimensão do trabalho, buscando correlações entre arte e capital. Sobre sua singularidade e o mercado de trabalho em que se insere, afirma:

> Qual é a especificidade central do trabalho artístico, o que o distingue das outras formas de trabalho? A produção estética, resultado de seu trabalho. O trabalho do artista é frequentemente analisado privilegiando sua performance ou obra, expressões resultantes de processos de trabalho que possibilitam a interpretação, a criação. No entanto, as relações de trabalho e profissionais, implícitas nestes processos, são pouco analisadas e contextualizadas. (Segnini, 2008, p. 2).

Ainda assim, as fronteiras do que se entende por fazer artístico não são tão rígidas. Na fase empírica, esbarrei em práticas que demandaram reflexão sobre se entrariam no escopo do recorte deste trabalho. Por exemplo, foram encontradas iniciativas que desenvolvem atividades ligadas à Arquitetura e ao Design: são elas expressões artísticas? A resposta se torna ainda mais complexa na medida em que essas práticas se constituíram como profissões bastante regulares e corporativas. Uma evidência disso é que, como citado anteriormente, uma das cooperativas encontradas que oferece serviços de Design (*Coop de Diseno*) recusou a entrevista por não se enxergarem como artistas. Como se pode perceber ao olhar para a História da Arte, as disciplinas e práticas artísticas estão em constante transformação, impondo a necessidade de atualização contínua.

Um outro ponto importante é que não me interessa aqui o artista em sua individualidade, mas em sua coletividade. Toda uma tradição da sociologia da arte já vem destacando a dimensão social da expressão artística. Porém, interessa-me especialmente a perspectiva de Howard S. Becker (2010) sobre a arte, para os autores ela não é apenas "social" no sentido tradicionalmente estudado na sociologia da arte, buscando aspectos sociais nas obras de arte.

> Todo trabalho artístico, tal como toda atividade humana, envolve atividade conjugada de um determinado número, normalmente um grande número de pessoas. É devido à cooperação entre estas pessoas que a obra de arte que observamos ou escutamos acontece e continua a existir. (Becker, 2010, p. 27).

Mas uma ação coletiva, para existir, precisa criar "mundos" de pessoas, técnicas e artefatos que participam da sua produção. O artista trabalha no que é chamado de "redes de cooperação", com divisões sociais do trabalho unidas por "elos cooperativos". Na maioria das vezes, conforme Becker (2010) pontua, uma obra de arte não é fruto do trabalho individual, mas sim da coleção de trabalhos coletivos que se coordenam para se fixar em uma obra concreta. Portanto, é somente em torno de redes que a arte pode surgir.

> [...] as atividades necessárias incluem, caracteristicamente, a concepção da ideia para o trabalho, a confecção dos artefatos físicos necessários, a criação de uma linguagem convencional de expressão, o treinamento de pessoal e platéias artísticas no uso de linguagem convencional para criar e experimentar, e a elaboração da mistura necessária desses ingredientes para

> uma obra ou uma representação particulares. Imaginem, como um caso extremo, uma pessoa que fez todas essas coisas; fez tudo, inventou tudo, representou, criou, e experimentou o resultado, tudo sem a assistência ou cooperação de qualquer outra pessoa. Na verdade, quase não é possível imaginar tal coisa, porque todas as artes que conhecemos envolvem redes elaboradas de cooperação. (Becker, 2010, p. 207).

Este é um dos principais motivos pelos quais elegi "trabalho artístico" como um conceito central desta pesquisa: acredito que é preciso reforçar a dimensão do trabalho na arte. Isso porque, a despeito de toda a narrativa em torno da autonomia do artista, a realidade apresenta muitos desafios – precarização, insegurança e exploração – que se impõem de um modo particular sobre ele. A necessidade de se pensar novos arranjos para sua organização, baseados na cooperação e na solidariedade, precisa partir da constatação do que é, em primeiro lugar, um trabalho. E, como todo trabalho no capitalismo contemporâneo, é ditado pelos regimes do capital – é sobre isso que falarei na próxima seção.

2.2. Capitalismo artístico

A produção de arte hoje ocorre dentro do regime capitalista e, como tudo que se produz nele, é orientada para a maximização de capital. É preciso considerar que "o trabalho que produz arte é submetido a controles criados na esfera da produção do valor" (SEGNINI, 2016, p. 60). Ao menos desde Walter Benjamin, nota-se um interesse por "teses sobre as tendências do desenvolvimento da arte sob as condições atuais de produção" (Benjamin, 2014, p. 11). Assim, para compreendê-la, é necessário mergulhar nos imperativos do modo de produção capitalista e como eles influenciam a expressão artística, considerando as especificidades de sua versão digital e datificada.

A relação entre arte e capital tem uma longa história, geralmente considerada imiscível. Como mencionei em uma famosa citação atribuída a Oscar Wilde: "Quando banqueiros se reúnem, conversam sobre arte. Quando artistas se reúnem, falam sobre dinheiro". No capitalismo, arte e capital são vistos como aquilo que um falta ao outro. A arte precisa do capital porque o artista necessita de meios para viver e dos recursos para produzir. O capital, por sua vez, precisa da arte para gerar diferenciação. Nesse sentido, Segnini destaca como a produção artística é orientada pelos regimes do capital:

> O trabalho que produz arte é submetido a controles criados na esfera da produção do valor, mesmo que os referidos controles sejam justificados em nome da "qualidade artística" e não do valor criado, de difícil mensuração – é verdade –, mas não deslocado da esfera ampliada de acumulação do capital. (Segnini, 2008, p. 2).

A tendência do crescimento da presença das artes no cotidiano das metrópoles já era prevista por Benjamin em seu clássico "A Obra de Arte na Era de sua Reprodutibilidade Técnica" (2014). Com a "perda da sua aura", a obra de arte extrapolou os muros dos museus e das galerias, tornando-se cada vez mais banal. Hoje, ela está tão presente que chega a ser imperceptível: está nas músicas ambiente de lojas, nas paredes enfeitando escritórios e em esculturas adornando nossos quartos. Sua ubiquidade reflete a nossa indiferença. Parece que atingimos o ápice da tendência identificada por Benjamin, iniciada no século passado.

Um ponto interessante surgido na entrevista da Art.coop é que Nati Linares, uma de suas cofundadoras, afirma considerar-se "radical nas artes e cultura", e seu marido é um "economista radical". Esse relacionamento é a metáfora perfeita do que defendo: a solidariedade "casando" a arte com a economia. Todavia, essa não é uma relação pacífica. Fazer afirmações nesses campos que desafiem o poder ainda é perigoso. Ela menciona como exemplos artistas que perderam suas carreiras por defenderem causas sociais e economistas que não conseguem emprego por serem considerados radicais. E sintetiza esse pensamento com a brilhante frase:

> *Ainda é perigoso desafiar a economia, e por quê? Acho que ambos sabemos porquê. É por isso que você está escrevendo este artigo. É porque a cultura é espiritual e perigosa e a economia é a linguagem do poder. E então o que estamos tentando fazer com este relatório e projeto é dizer isso e organizar as pessoas nele.[54] (Entrevista Art.coop).*

A conexão entre as artes e o capitalismo contemporâneo é tão grande que Lipovetsky e Serroy falam em um "capitalismo artista" (2015). Os autores analisam a crescente imbricação entre as esferas estética e produtiva, em que o regime passa a se dedicar diretamente a uma "estetização do mundo". Tal perspectiva gera um estranhamento inicial porque, de

---

[54] "It's still dangerous to challenge economics, and why? I think we both know why. Which is why you're writing this paper. It's because culture is spiritual and dangerous, and economics is the language of power. And so what we're trying to do with this report and project is like, say that and organize people into it". Tradução nossa.

modo geral, o capitalismo costuma ser visto como promotor da feiura, do horror e da tragédia, e não da beleza. Em suas palavras, "[...] será que o capitalismo, desde sempre acusado de destruir e enfear tudo, não é algo mais que o espetáculo aflitivo do horror e funciona também como empreendedor de arte e motor estético?" (Lipovetsky; Serroy, 2015, p. 28).

A partir dessa provocação, sustentam-se com argumentações e análises de fenômenos concretos para defender a posição do surgimento de um "modo de produção estético". Essa estetização não pode ser confundida com embelezamento; os autores não afirmam, de forma alguma, que o capitalismo é belo e que os artistas alcançaram sua plena valorização social. Isso ocorre porque a estética produzida é totalmente orientada para a maximização da relação investimento/retorno, e não para a busca do Belo. Seu impulso não é o de tornar o mundo mais bonito ou agradável aos olhos, mas sim o atendimento de uma demanda de mercado por diferenciação e sensibilização dos públicos consumidores. Em seus termos:

> Não estamos mais no tempo em que produção industrial e cultura remetiam a universos separados, radicalmente inconciliáveis; estamos no momento em que os sistemas de produção, de distribuição e de consumo são impregnados, penetrados, remodelados por operações de natureza fundamentalmente estética. O estilo, a beleza, a mobilização dos gostos e das sensibilidades se impõem cada dia mais como imperativos estratégicos das marcas: é um modo de produção estético que define o capitalismo de hiperconsumo. (Lipovetsky; Serroy, 2015, p. 12).

Outros autores, como Boltanski e Chiapello, no clássico *O novo espírito do capitalismo* (2009), argumentam que esse impulso estético tem como origem uma apropriação pelo regime dos movimentos de resistência e contracultura. Para esses autores, foi a forma como o capitalismo encontrou de se opor às críticas, em especial àquelas do movimento *hippie* dos anos 60, ao transformá-las em mercadoria. Entretanto, discordo deles, junto com Lipovetsky e Serroy (2015), sob a perspectiva de que este foi um movimento muito mais originado em uma demanda interna do sistema capitalista do que uma resposta à pressão externa a ele.

> O capitalismo artista deve seu formidável desenvolvimento muito menos às denúncias da economia liberal do que a seu movimento próprio impulsionado pelas lógicas de concorrência e de inovação permanente. Foi do interior

> da própria máquina econômica que nasceu e se desenvolveu o capitalismo artista: ele é filho da economia liberal, muito mais que dos detratores desta. (Lipovetsky; Serroy, 2015, p. 78).

Assim interpreto a proliferação das profissões "criativas" e o crescimento do mercado cultural em geral: foi um movimento que o próprio capitalismo precisou fazer para sua incessante reprodução. Segundo os autores, houve uma mudança no "espírito do capitalismo" (Weber, 2004), de uma justificação moral para uma legitimação estética, "centrado na valorização das fruições materiais, no hedonismo do bem-estar, do divertimento e do lazer" (Lipovetsky; Serroy, 2015, p. 78). Não trabalhamos mais porque queremos nos elevar moralmente, mas para poder postar no Instagram que estamos desfilando pelas Maldivas com um Rolex no pulso.

A partir dessa virada, passa a acontecer o que Michael L. Siciliano (2021) chama de "controle criativo" [*Creative Control*]. Siciliano também destaca a crescente centralidade de atividades ditas criativas no atual regime de produção e se pergunta como o controle é exercido sobre tais expressões. Isso porque essa proliferação de expressões artísticas não ocorre por livre e espontânea vontade dos artistas, mas sim por meio do controle empresarial. As tensões entre o capital e o trabalho artístico não são novidade; praticamente todo artista se vê no dilema entre orientar sua expressão artística para onde sua criatividade pessoal o direciona e adaptá-la para aquilo que parece ser mais rentável. Não por acaso, diz o ditado popular: "Quem paga a banda escolhe a música".

> O controle criativo geralmente se refere ao poder de exercer autoridade final sobre o planejamento e execução de um filme, uma música, uma performance ou algum outro produto cultural. A garantia do controle criativo é muitas vezes uma cláusula árdua nos contratos de músicos, escritores, cineastas e outros "criativos", e existe toda uma mitologia em torno da busca do controle criativo – histórias fabulosas de diretores, músicos e até profissionais. lutadores que ousaram, destemidamente, arrancar o controle criativo das garras dos executivos e de todos aqueles que poderiam buscar o lucro em vez da arte. Dependendo do seu ponto de vista, essas histórias provocam admiração ou risadas. De qualquer forma, o meu objetivo não é traçar uma linha imaginária entre as intenções artísticas dos "criativos" e a especulação corporativa, mas destacar o trabalho envolvido

na produção cultural e, ao fazê-lo, destacar as tensões entre o capital e o trabalho nas indústrias culturais.[55] (Siciliano, 2021, p. 3).

Para o autor, os regimes de controle, presentes em todas as cadeias produtivas, possuem uma característica especial no trabalho criativo, em que a precarização é sublimada por sua dimensão estética. O que faz com que os criativos aceitem trabalhar por tão pouco em regimes de precarização? A justificativa de simples alienação ideológica não responde totalmente a essa questão. Para ele, existe uma teoria do afeto [*affect theory*], em que os afetos dos trabalhadores criativos são modulados para que apreciem [*to enjoy*] tais atividades, a despeito de suas condições. Em suas palavras:

> Nas teorizações panorâmicas do capitalismo cognitivo, o trabalho é supostamente regulado ou controlado pela mobilização capitalista das paixões, afetos ou sentimentos dos trabalhadores. Dito de outra forma, o poder sobre o trabalho supostamente opera ao nível do afeto, da sensação, dos sentimentos. Isto difere da investigação mais empiricamente fundamentada sobre processos de trabalho criativos que, em vez disso, apontam para mecanismos ideológicos de controle em que a "criatividade", enquanto discurso, justifica o emprego precário. Um argumento-chave que apresento neste livro é que estes mecanismos ideológicos dependem de materialidades ou estruturas estéticas distintas que modulam o afeto dos trabalhadores e permitem que os trabalhadores percebam e imaginem possibilidades dentro do dia de trabalho. Estas estruturas estéticas de trabalho exercem poder ou controle sobre o trabalho criativo, vinculando afetivamente os trabalhadores às suas tarefas.[56] (Siciliano, 2021, p. 19).

---

[55] "Creative control usually refers to the power to exercise final authority over the planning and execution of a film, a song, a performance, or some other cultural product. The guarantee of creative control is often a hard-fought clause in contracts of musicians, writers, filmmakers, and other "creatives," and there exists an entire mythology around the pursuit of creative control—fabled stories of directors, musicians, and even pro wrestlers who dared, fearlessly, to wrest creative control from the clutches of executives and all those who might pursue profit over artistry. Depending on your point of view, those stories elicit either admiration or a laugh. Either way, my point is not to draw an imaginary line between the artistic intentions of "creatives" and corporate profiteering but to highlight the work involved in cultural production and, in doing so, highlight tensions between capital and labor in the culture industries". Tradução nossa.

[56] "Notably, all of this may be seen within the labor process, an empirical focus severely lacking in research on the creative labor of "informational" or "cognitive" capitalism. In bird's-eye theorizations of cognitive capitalism, work is supposedly regulated or controlled by the capitalist mobilization of workers' passions, affects, or feelings. Put differently, power over work supposedly operates at the level of affect, of sensation,

Mesmo os artistas mais bem-sucedidos enfrentam batalhas jurídicas com empresas como gravadoras e agências. Um exemplo é o caso da cantora Taylor Swift, que optou por regravar seus primeiros álbuns para retomar mais controle sobre suas obras, uma vez que os contratos assinados no início de sua carreira retiravam grande parte de seus direitos sobre elas[57]. Mesmo se falando em um artista que movimenta tanto dinheiro que deu origem ao termo *"Swiftonomics"*[58] para se referir ao impacto econômicos de seus shows e, segundo o próprio Banco Central norte-americano, chegou a impactar o Produto Interno Bruto (PIB) do país[59]. Não é incomum que artistas em início de carreira aceitarem os termos e condições contratuais que são prejudiciais a eles, pois essa pode ser sua única chance de conseguir um lugar ao sol na cena artística. O artista é Fausto e a gravadora é Mefistófeles: "você vai se tornar um deus, mas sua alma será minha". Até a Taylor Swift tem um "patrão".

Para Janet Wolff, estudiosa da produção social da arte, "o trabalho artístico se torna cada vez mais semelhante ao trabalho em geral sob o capitalismo" (Wolff, 1982, p. 31). Para nós, é justamente o contrário: o trabalho em geral sob o capitalismo contemporâneo se torna cada vez mais semelhante ao modelo do trabalho artístico. Não é o trabalho precarizado que, em sua expansão, está adentrando o mercado artístico; mas o modelo precarizado do trabalho artístico que está sendo importado para os outros mercados. Temos inúmeros indícios de que o estágio atual do capitalismo tem um apreço especial pelo modelo do trabalho do artista e empurra suas fronteiras até as profissões menos tradicionalmente consideradas criativas.

O nascimento dessa perspectiva é também percebido por Guillermo Martín Quiña (2016), ao dizer que

---

of feelings. This differs from more empirically grounded research on creative labor processes that instead point toward ideological mechanisms of control wherein "creativity," as a discourse, justifies precarious employment. A key argument I make in this book is that these ideological mechanisms depend upon distinct materialities or aesthetic structures that modulate workers' affect and allow workers to perceive and imagine possibilities within the working day. These aesthetic structures of work exert power or control over creative labor by affectively binding workers to their tasks". Tradução nossa.

[57] Disponível em: https://valor.globo.com/empresas/noticia/2023/07/06/por-que-taylor-swift-esta-regravando-seus-albuns-entenda-a-taylors-version.ghtml. Acesso em: 31 jan. 2024.

[58] Disponível em: https://www.bloomberg.com/news/newsletters/2022-11-23/what-s-happening-in-the-world-economy-welcome-to-swiftonomics. Acesso em: 31 jan. 2024.

[59] Disponível em: https://www.cnnbrasil.com.br/entretenimento/taylor-swift-vai-alem-da-musica-e-impacta-economia-dos-eua-e-do-brasil/. Acesso em: 31 jan. 2024.

> Uma linha de trabalho interessante nesse sentido foi inaugurada ao considerar as particularidades que esse tipo de contratação assume como forma hegemônica de contratação de força de trabalho já não privativa do "trabalho criativo", e sim característica do padrão de acumulação atual, no qual a figura do trabalhador criativo individual, empreendedor, usuário de redes sociais, encarna o novo modelo de trabalho (Banks, 2010), pois significa um primeiro passo em direção ao abandono de um olhar "excepcionalista" sobre os trabalhadores criativos. (Quiña, 2016, p. 121).

Um dos motivos para a escolha desse recorte foram as evidências de que o microcosmo deste trabalho específico traz fenômenos que gradativamente se disseminam para o macrocosmo do trabalho em geral. Como Segnini (2007, p. 14) brilhantemente formula no título do subcapítulo de um de seus artigos, podemos entender "O mundo do espetáculo como espetáculo do mundo do trabalho". Se estamos sendo demandados a sermos todos como artistas, talvez possamos aprender também com eles a responder de forma criativa ao que se impõe sobre trabalhadores de todos os tipos: a exploração do trabalho.

Deste modo, argumento nesta seção que há uma profunda aderência entre as exigências do capitalismo em seu estágio atual e as características do modelo de trabalho artístico. Por meio da mobilização de diversos autores, busquei oferecer evidências de que a produção artística, por estar inserida no regime capitalista, orienta-se para a maximização do capital e não necessariamente para a fruição estética. Além disso, é também mobilizada instrumentalmente no processo de estetização do mundo observado no capitalismo contemporâneo. E, apesar de seu lugar estratégico na sociedade, a maioria dos artistas sofre condições adversas de exploração.

2.3. (Est)ética: o papel dos artistas na economia

Afinal, qual é o papel dos artistas? Como a estética e a ética se intercruzam no campo do trabalho artístico? Não por acaso, uma palavra está contida na outra: dentro de toda estética, há uma ética. "Os artistas são especialmente sensíveis a mudanças culturais sutis", afirma a DisCO Cooperative na entrevista. Sempre nos surpreendemos ao estudar a História da Arte, ao perceber como profundas transformações sociais, econômicas e políticas já se manifestaram com grande antecedência em obras artísticas.

É por isso que os artistas sempre foram vistos como visionários, aqueles capazes de vislumbrar com os olhos do espírito aquilo que os olhos do corpo ainda não podem.

Apesar da posição contraditória do artista na sociedade, ele sempre desempenhou e continua desempenhando um papel central em nossa constituição. Existe uma relação dialógica: a arte materializa a expressão da subjetividade de um tempo e, ao mesmo tempo, produz essa subjetividade. Ela é, ao mesmo tempo, filha e mãe do tempo. Assim, o artista se encontra numa posição dicotômica: por um lado, é forçado pela pressão econômica a reproduzir a exploração; por outro, carrega a responsabilidade de ser profeta de outros mundos possíveis. A expectativa de produção de mudança dentro da lógica capitalista é sempre frustrada, pois, como se sabe desde as formulações de Adorno e Horkheimer a respeito da Indústria Cultural (1986), toda tentativa de produção de arte subversiva é cooptada. Como diz a frase do jurista Miguel Reale, gravada na Torre do Relógio da Cidade Universitária da USP: "No universo da cultura, o centro está em toda parte".

Apesar de considerarmos útil o conceito de capitalismo artista de Lipovetsky e Serroy (2015), na mesma obra, os autores se mostram céticos quanto ao papel de resistência da arte. Justamente por enxergá-la como instrumental dentro do processo de estetização promovido pelo capitalismo, não veem na busca estética a potência necessária para superar os problemas da sociedade contemporânea. Em seus termos:

> Na escala da História, não é, evidentemente, o Belo que será capaz de "salvar o mundo". Em face dos imensos problemas econômicos, sociais e ecológicos que se anunciam ruidosamente, é patente que nenhuma solução será encontrada sem a mobilização da inteligência dos homens, sem o investimento na pesquisa e na inovação, nas ciências e nas técnicas, que, é claro, não resolverão tudo, longe disso, mas sem as quais a humanidade não escapará das catástrofes em série. Há que convir: nesse plano, devemos esperar salvação antes da inteligência racional e técnica que da arte. (Lipovetsky; Serroy, 2015, p. 26).

Nesse ponto, discordo dos autores. É claro que a produção estética, por si só, não vai provocar a transformação social que almejamos. No entanto, ela é um campo fundamental para a imaginação de outros mundos do trabalho possíveis, sem o qual dificilmente conseguiremos sair de onde estamos. Além disso, ao olhar para a História, também vemos com

ECONOMIA SOLIDÁRIA E ARTE

descrédito a aposta dos autores em uma salvação pela "inteligência racional e técnica". Basta observar como essa inteligência tem sido utilizada em guerras e para o aprofundamento da exploração. Além do fato de que essa distinção é marcada por uma dicotomia cartesiana já superada, pois ignora os aspectos racionais e técnicos da arte e as dimensões criativas da ciência e da técnica.

De tempos em tempos, a discussão sobre "fazer arte em tempos de guerra" ressurge, com alguns defendendo que dar uma resposta artística aos desafios do momento é "tocar violino enquanto Roma arde em chamas". A imagem dos violonistas tocando enquanto o Titanic afunda foi imortalizada pelo cinema e ilustra bem o imaginário de uma arte impotente diante da destruição do mundo. É fato que o papel crítico da arte está em baixa. Se repararmos, por exemplo, nos principais hits tocados nas plataformas de streaming atualmente, raramente encontraremos uma mensagem política de resistência sendo proferida. Mesmo em suas vidas pessoais, para além de suas obras, é raro encontrar artistas engajados com determinadas causas, como a exploração do trabalho.

A respeito do papel dos artistas nos movimentos de resistência e construção (resist and build), a Art.coop ressalta o quão perigoso ainda é para os artistas se engajarem em causas. Ao se manifestarem politicamente, colocam ainda mais em risco suas carreiras, já marcadas pela instabilidade. Toda rebeldia será castigada, e toda subserviência será recompensada. Em nossa conversa, citam exemplos de como isso acontece:

> *Veja quem são nossas maiores estrelas na música. Direi apenas: eles não estão dizendo nada sobre o que está acontecendo na Palestina neste momento. Por exemplo, há hoje todo este discurso sobre as pessoas no cinema e Hollywood estarem apagando os seus posts pró-Palestina porque estão preocupados em serem colocados na lista negra.*[60] (Entrevista Art.coop).

Mas não vejo motivo para cair em derrotismo. A famosa frase atribuída a Toni Cade Bambara, "O trabalho do artista é fazer a revolução irresistível"[61], inspira diretamente o trabalho de comunidades como a *Art.coop*. Proponho uma nova versão dela: o trabalho do artista é fazer a economia cooperativa e solidária irresistível. Apostei no papel do artista

---

[60] "Look at who are our biggest stars in music. I'll just say: they're not saying anything about what's going on in Palestine right now. For example, there's all this discourse today about people in film and Hollywood are deleting their pro-Palestine posts because they're worried about being blacklisted". Tradução nossa.
[61] "The role of the artist is to make the revolution irresistible". Tradução nossa.

não apenas passivo de representar a subjetividade de seu tempo. Eles são também capazes de criá-lo ativamente, inclusive suas formas econômicas. Como afirma a *Art.coop* em seu website, "os artistas são construtores de economias"[62]. Esse é o convite que faço junto das experiências aqui estudadas: que os artistas não apenas se insiram na economia vigente atualmente, mas que se engajem na construção de uma nova baseada na cooperação e na solidariedade.

Num cenário como o apresentado neste subcapítulo, como esperar que, em meio à multiplicidade de obras a criar, papéis a desempenhar e contas a pagar, os artistas ainda consigam exercer seu papel político? "O artista, obrigado a se desdobrar entre o ativismo político e o empreendedorismo cultural, se ressente das condições de difusão do seu trabalho artístico" (Segnini, 2016, p. 72). Muitos são os desafios que se impõem sobre ele, mas, ao mesmo tempo, desistir de lutar e se conformar ao *status quo* seria aceitar plenamente sua exploração ao limite. Como isso pode ser possível?

Esta é minha hipótese central: os artistas são, ao mesmo tempo, um dos campos mais estratégicos tanto para a exploração quanto para a liberação do trabalho. Em vez de acreditar em seu potencial para uma real revolução no sentido histórico da expressão, apostei em sua capacidade de inspirar formas alternativas de organização do trabalho. E não apenas no segmento artístico, mas começando por ele e se espalhando por todos os outros. O que pode uma arte produzida com base na cooperação e solidariedade?

2.4. Artista por amor

Como pode o produto de um trabalho ser tão valorizado atualmente, e quem o produz ser tão desvalorizado? A estetização do capitalismo tem por trás o mesmo que tudo aquilo que se produz no regime – trabalho humano. A particularidade do trabalho no setor cultural é destacada por Marisol Sandoval (2017), uma das principais pesquisadoras no tema da precarização no trabalho no setor cultural. A autora apresenta a contradição presente no trabalho desse setor: apesar de ter sua atividade reconhecida socialmente como privilegiada, comumente apresenta condições de trabalho precarizadas e instáveis. Para ela, contradição é o que define o trabalho no setor das artes e da cultura.

---

[62] "Artists are economy builders". Tradução nossa.

> Se há um achado principal que pode ser concluído das pesquisas sobre o trabalho no setor cultural, certamente é o de que as vidas nos trabalhos chamados criativos são complexas e contraditórias, combinando satisfação e níveis relativamente altos de autonomia com insegurança, baixos salários, ansiedade e desigualdade. (Sandoval, 2017, p. 112).

Tal contradição também é destacada por Segnini (2007), que estudou profundamente as formas como "criação rima com precarização". Para ela, essa contradição se manifesta por um "duplo desejo – ser artista e ter condições de sobrevivência financeira" (Segnini, 2016, p. 68). Esses desejos, para a grande maioria, mostram-se inconciliáveis, levando a uma série de tensões.

> O artista no mundo das mercadorias vivencia constantes tensões entre o fazer artístico criativo e a compra e venda do seu trabalho, quer seja sob a forma do assalariamento quer do trabalho intermitente, financiado sobretudo por cachês e editais. (Segnini, 2016, p. 7).

Contradições e tensões. Duas promessas, aparentemente atrativas para esses profissionais, funcionam como máscaras para a exploração subjacente dos ofícios tanto de trabalhadores criativos quanto de artistas. A primeira é a de terem o privilégio de "trabalhar com o que amam", e não uma profissão que tiveram de escolher por imposição. Essas justificativas fazem com que se presuma um "pagamento subjetivo" por seus trabalhos, que compensa uma menor remuneração objetiva. A segunda é a da flexibilidade: eles teriam almejado o anseio de todos os trabalhadores de poder definir sua própria jornada de trabalho e exercê-la praticamente de qualquer lugar (liberdade temporal e liberdade geográfica).

Discutamos primeiramente a questão da paixão pela profissão. Fato é que existe, hoje, um forte apelo geral de que você deve trabalhar "com o que ama", o que Grohmann (2018), analisando o discurso da startup 99Jobs, chama de "trabalho adjetivado". Segundo o autor, há uma positivação do trabalho por meio da mobilização de afetos dos trabalhadores dos setores ditos criativos. O trabalho do artista deve ser não apenas uma forma de desempenhar um papel social, mas também de receber o suficiente para viver.

Essa pressão é tão dispersa hoje na sociedade que se reflete até mesmo nos trabalhadores de setores tradicionalmente entendidos como não criativos. Se essa liberação criativa não acontece no seu trabalho, deve-

-se buscar uma atividade extra no horário de lazer para que essa expressão ocorra. O trabalho deve ser uma expressão da sua personalidade; se isso não é possível por meio do seu trabalho formal, deve-se procurar formas de expressá-lo como hobby nas horas vagas. É o que Lipovetsky e Serroy (2015) chamam de "desejos artísticos de massa", onde os trabalhadores encontram a possibilidade de afirmação de sua identidade.

> Desejos artísticos de massa que revelam os limites da vida consumista, na medida em que esta não possibilita a realização das atividades criativas. A arte é aquele domínio que permite traduzir sua singularidade, sua diferença pessoal numa época em que a religião e a política não oferecem mais, como outrora, a possibilidade de afirmar sua identidade (Lipovetsky; Serroy, 2015, p. 71).

Duas publicações recentes, apesar de abordarem os trabalhadores criativos de modo geral, trazem insights relevantes que, na nossa visão, se aplicam também ao trabalho artístico. Embora sua análise se direcione para os trabalhadores da indústria criativa no geral, e não propriamente da arte, é útil empregar aqui o conceito de "emprecariado", de Silvio Lorusso (2023). O termo é um neologismo que une as palavras "empreendedor" e "precariado" para se referir aos trabalhadores criativos que precisam desenvolver uma mentalidade empreendedora para sobreviver em um mercado precarizado. Mesmo que os trabalhadores a que Lorusso se dirige estejam mais ligados ao mundo corporativo e, talvez, até gozem de mais proteções do que os artistas, ambos compartilham dessa demanda por uma postura empreendedora para exercer sua criatividade.

A segunda é a tese de doutorado do pesquisador Tulio Custódio (2023). Ao analisar o trabalho na indústria criativa, mais especificamente o que ele chama de "trabalhadores criativos autônomos", denomina esse apelo aos afetos dos trabalhadores de "discurso empreendedorialista". No entanto, ao se depararem com a realidade das dinâmicas das profissões criativas, suas "ilusões são perdidas".

> Nossa abordagem sustenta que as contradições entre o discurso empreendedorialista sobre trabalho criativo flexível, impregnado de elementos da racionalidade neoliberal e do realismo capitalista, e a realidade da degradação experimentada pelos trabalhadores, revelam perspectivas sobre a deterioração subjetiva que envolvem afetos como ansiedade, medo e vergonha. A tensão entre discurso e realidade,

> presente no campo empírico que estudamos, mostra como a exploração se reproduz também por meio da dimensão subjetiva. Os afetos, analisados de forma sociológica, evidenciam a precarização do trabalho criativo. Nossa hipótese é que o discurso empreendedorialista apresenta uma nova perspectiva do empreendedorismo: um encapsulamento de uma visão da contracultura sobre liberdade e autonomia, difundida nas narrativas dos trabalhadores criativos autônomos como forma de exercer autodeterminação apesar das condições precárias, assumindo, portanto, a forma de consentimento e adesão às dinâmicas flexíveis de trabalho criativo e de reconhecimento. (Custódio, 2023, p. 21).

Desse modo, para além da promessa concreta de uma melhoria exponencial nas condições materiais da vida, caso se torne um sucesso, existe também uma promessa subjetiva de realização por meio do trabalho criativo. É a mobilização dos afetos que faz com que a precarização seja aceita como um mal temporário, justificado por um possível bem permanente.

> É por essa razão [...] que o discurso empreendedorialista é tão aderente à indústria criativa: ele não mexe apenas com a forma como concebemos ou organizamos o trabalho, mas especialmente com as nossas aparições e expectativas. (Custódio, 2023, p. 26).

Ainda sobre a mobilização dos afetos como justificativa para a aceitação da exploração, Quiña (2016), ao analisar o que denomina de "precariedade criativa", mobiliza o conceito psicanalítico de "princípio do prazer" para tratar dessa modulação afetiva do discurso. Para usufruir do prazer de tirar uma vida (*make a living*) de sua expressão artística, o artista precisa investir tudo que pode – tempo, dinheiro, desejo – num investimento de si em si mesmo. Falando sobre o trabalho musical, o autor afirma que:

> [...] o princípio do prazer que rege as atividades da música independente pode significar que o trabalho é simplesmente não remunerado, o que até mesmo redunda em que o trabalhador deva assumir gastos do próprio bolso, sempre movido pelo prazer de fazer música. (Quiña, 2016, p. 110).

Portanto, a lacuna constantemente presente na remuneração dos artistas – seja pelos baixos pagamentos ou trabalhos não remunerados – é justificada pela compensação feita numa espécie de "salário subjetivo". Eles são pagos com "prazer", "autonomia" e "paixão" e, por isso, podem prescindir de outros direitos e benefícios usufruídos por trabalhadores de outros setores. O prazer de poder viver da sua produção artística, seja ele presente ou promessa futura, sublima subjetivamente todo sacrifício concreto para que isso aconteça. Porém, todos esses valores subjetivos não são aceitos para adquirir os produtos e serviços essenciais à nossa sobrevivência, especialmente num mundo em que tudo é mercadoria.

2.5. Autonomia ou incerteza?

Na seção anterior, destaquei duas palavras que caracterizam o trabalho artístico: contradição e tensão. Nesta, acrescento uma nova: incerteza. Além da promessa do prazer de viver daquilo que cria, uma outra promessa atrai fortemente na profissão artista: a autonomia. "O trabalho artístico é, por excelência, flexível, seja em termos do conteúdo do trabalho, seja em termos de locais, horários ou contratos" (Segnini, 2016, p. 68). Para citar outro autor, "A verdade é que a imprevisibilidade do trabalho criativo artístico é a dimensão mais exigente, mais gratificante e mais aclamada"[63] (Menger, 2011, p. 252). O trabalho artístico está essencialmente ligado à autonomia, mal conseguimos imaginar um "artista CLT", que passa 8 horas por dia num escritório e tira 30 dias de descanso remunerado no ano.

> [...] o trabalho independente não só é apreciado por causa das vantagens da autonomia (ausência de normas estritas e cotidianas de trabalho, de patrão etc.), mas também pelas representações de autenticidade, originalidade e liberdade. (Quiña, 2016, p. 112).

Essa característica ganha valor especialmente no atual mundo do trabalho pós-pandemia do Coronavírus. Desde que o período de quarentena evidenciou o quanto boa parte das profissões pode ser exercida remotamente, e o quanto o home office pode elevar a qualidade de vida dos trabalhadores, a possibilidade de trabalhar de qualquer lugar e com flexibilidade de rotina passou a ser ainda mais valorizado. Desejada por muitos, usufruída por poucos. Fato é que a grande maioria dos profissionais

---

[63] "The fact remains that the unpredictability of artistic creative work is the most demanding, the most rewardirding and the most acclaimed dimension". Tradução nossa.

teve de voltar ao escritório e essa tão esperada "liberdade" permaneceu restrita àqueles que já a possuíam, como os artistas. Entretanto, para além de toda a romantização em torno da autonomia, a grande maioria a experiencia como incerteza. Não por acaso, os artistas, a quem geralmente se costuma atribuir o gozo desse privilégio, foram um dos grupos mais afetados pela pandemia.

Se em tempos pré-pandêmicos, o setor já era caracterizado pela instabilidade, neste momento se demonstrou como um dos mais impactados. De acordo com pesquisa do IPEA[64] 48,8% dos agentes culturais perderam totalmente sua receita entre maio e julho de 2020. Como alternativas para a saída da crise, as necessidades mais apontadas pelos entrevistados foram: acesso a informações direcionadas ao setor (18,69%), participação em redes/networking (17,53%), informações sobre como se portar na reabertura (16,71%), consultoria (13,88%), apoio psicológico (1,73%), treinamento (12,96%) e outros (6,49%). Cabe notar que a maior parte das necessidades expressas pelos trabalhadores culturais está ligada à conexão, à formação de redes solidárias de apoio e à troca de informações. Em outras palavras, laços de solidariedade com outros trabalhadores do segmento.

Essa "autonomia" se materializa nas formas de contrato experienciadas pelos artistas. A "Heterogeneidade na vivência das formas instáveis de trabalho é a característica central do mercado de trabalho artístico" (Segnini, 2007, p. 20). Não pretendo aqui analisar as formas de contrato específicas, trabalho já realizado por outros pesquisadores como Segnini (2006). Mas resgato essa questão para afirmar que, em meio às diversas formas de contrato, existe uma constante: a flexibilidade. Para a grande maioria, essa flexibilidade não é experimentada como multiplicidade de possibilidades, mas como necessidade. Quanto mais flexível é um objeto, maior a facilidade de esmagá-lo. Além da questão pontuada por Segnini (2008), que destaca a demanda de que os artistas estejam sempre à disposição, à espera de serem chamados ao trabalho, como um exército de reserva sempre pronto a atender uma demanda de mercado.

> O auto-emprego, o freelancing e as diversas formas atípicas de trabalho (intermitentes, tempo parcial, vários cachês) constituem as formas dominantes da organização do trabalho nas artes (Segnini, 2006, p. 321).

---

[64] IPEA. Disponível em: https://www.ipea.gov.br/portal/images/stories/PDFs/conjuntura/201015_cc49_cultura. pdf. Acesso em: 31 jan. 2024.

Essa heterogeneidade de formas de trabalho coloca em questão, inclusive, as estatísticas sobre esse mercado de trabalho. Nas metodologias de pesquisas quantitativas, é preciso considerar que o trabalho nesse segmento segue lógicas que escapam a outras profissões mais tradicionais. Caso não sejam consideradas, podem levar a erros estatísticos nos dados sobre o setor. A esse respeito, Menger (2011) elenca alguns fatores que contribuem para a imprecisão de determinados métodos quantitativos de pesquisa no mercado artístico:

> Os mercados de trabalho artístico expandem-se ao longo de um caminho de crescimento altamente desequilibrado: a pressão competitiva, a especialização flexível da organização do trabalho e a contingência generalizada do trabalho atravessam ideais individuais e empresariais, como a auto-realização e a inovação, de formas que desafiam as visões convencionais do processo de trabalho qualificado. bem como os métodos convencionais de levantamento e medição.[65] (Menger, 2011, p. 242).

Sob essa manta de autonomia, esconde-se o imperativo de que os artistas se tornem "empreendedores de si mesmos". Não por acaso, passamos a conhecê-los, boa parte das vezes, apenas pelo nome artístico, surpreendendo-nos quando, por curiosidade, pesquisamos seus nomes naturais. "O trabalho artístico é moldado pela incerteza. A atividade de um artista segue um rumo incerto e o seu ponto final não é definido nem garantido"[66] (Menger, 2014, p. 3). Essa demanda pela flexibilização das condições dos trabalhadores artistas tem como um de seus principais motivadores a terceirização dos riscos. Dizem seus patrões: "os riscos são nossos, o lucro é meu". Isso fica evidente nos modelos de contrato (nem sempre formalizados) por "couvert artístico": "se a casa encher, ambos ganhamos, se ninguém aparecer, nenhum de nós ganha".

> Tudo isso gera um panorama no qual os músicos – a quem não se assegura um pagamento por tocar, mas um salário encoberto sob a forma de participação na arrecadação decorrente da afluência de público – são obrigados a colaborar com o negócio do proprietário, que assim evita o risco empresarial. (Quiña, 2026, p. 114).

---

[65] "Artistic labor markets expand along a path of highly unbalanced growth: competitive pressure, flexible specialization of the work organization and pervasive work contingency cross individual as well as entrepreneurial ideals such as self-achievement and innovativeness in ways that challenge conventional views of the skilled working process as well as the conventional survey and measurement methods". Tradução nossa.

[66] "Artistic labor is shaped by uncertainty. An artist's activity follows an uncertain course, and its end point is neither defined nor guaranteed". Tradução nossa.

Outra consequência dessa pressão é que ao demandar seu funcionamento como uma empresa e a grande maioria não ter condições de contratar uma equipe, tornam-se comuns os acúmulos de função. Com isso, o artista passa a ter que não apenas produzir sua arte, mas ser também produtor, *social media*, gestor de empresa, contador, entre outros. Como ilustra a já citada McRobbie (2004), na figura comum de um artista, este precisa tratar sua vida pessoal como uma marca. Qualquer ação privada, ainda que cotidiana e corriqueira, deve ser pensada em termos de *branding*. A separação entre o profissional e o pessoal é aniquilada. Em suas palavras:

> Os percursos profissionais são diferentes de outras profissões mais tradicionais, fazem o seu próprio caminho, estão sempre em movimento, têm que dar a conhecer o seu nome, são marcas próprias, têm que zelar pelo seu próprio interesse, são "indivíduos artísticos".[67] (McRobbie, 2004).

É por isso que, cada vez mais, um artista bem-sucedido não é apenas aquele que conseguiu hitar uma meia-dúzia de músicas, mas sim aquele que conseguiu transformar seu nome numa marca e sua obra numa empresa. Um dos autores que mais se debruça sobre essa questão da incerteza no trabalho artístico é Pierre-Michel Menger, que chega a escrever um extenso livro sobre o tema. Conforme argumenta abaixo, a reputação de um artista (entendida como sua marca pessoal/profissional), passa a ser seu traço distintivo no mundo da competição artística. Ter seu nome lhe garante a posição no mundo da arte é o que determinará a demanda pelo consumo de suas obras.

> Em primeiro lugar, a reputação de um artista proporciona-lhe uma posição monopolista temporária no mercado, desde que as suas competências e talentos sejam procurados. Em segundo lugar, o artista pode ser visto como uma microempresa quando se dá atenção à oferta dos numerosos trabalhos e esforços com os quais o artista ganha a vida: a forma como atua para fornecer trabalho em vários mercados relacionados e para desempenhar diversas funções profissionais. Os papéis no seu mundo da arte apontam para a diferenciação dos perfis de trabalho que estão na base da competição entre os artistas, não só pelo sucesso

---

[67] "The career pathways are unlike other more traditional occupations, they make their own way, they are always on the move, they have to get their names known, they are their own brands, they have to look after their own self interest, they are 'artistic individuals'". Tradução nossa.

no mercado de trabalho profissional, mas também pela garantia e manutenção de uma posição no mundo da arte como um todo.[68] (Menger, 2011, p. 248).

Além disso, na citação, o autor destaca a necessidade de acúmulo de funções que se impõe aos artistas, que muitas vezes precisam desempenhar sozinhos o que formalmente se entende como profissões e cargos distintos. Como ilustra ludicamente o meme abaixo, os artistas (especialmente os chamados "independentes") precisam desempenhar papéis que vão muito além da criação artística até que atinjam um nível de sucesso suficiente para que possam contratar uma equipe.

Figura 1 – Meme sobre o acúmulo de funções de artistas independentes

Fonte: Página de Facebook – Michael Moncada and Whiskey High

---

[68] "Firstly, an artist's reputation provides him with a temporary monopolistic position on the market, as long as his or her skills and talents are in demand. Secondly, the artist may be viewed as a microfirm when attention is given to the supply of the numerous bits of work and efforts out of which the artist makes a living: the way he acts to supply work in several related markets and to perform various occupational roles within his artworld points to the differentiation of the working profiles that underly the competition among artists not only for success in the vocational labor market but also for securing and maintaining a position in the art world taken as a whole". Tradução nossa.

ECONOMIA SOLIDÁRIA E ARTE

Essa exigência sobrehumana faz com que os artistas desenvolvam o que Quiña (2015) chama de "precariedade criativa" e De Peuter (2014) chama de "precariado criativo" [*creative precariat*]. A expressão designa a necessidade de constante improviso por parte do artista, que está sempre tentando o que pode com o que tem. Para Menger (2001), essa incerteza é provocada especialmente pelas discrepâncias entre oferta e demanda, o que leva os artistas a lidarem constantemente com uma gestão de risco ocupacional em suas próprias carreiras. Isso exige deles habilidades que vão além das disciplinas artísticas, aproximando-se mais de habilidades de gestão empresarial e empreendedorismo. Como aponta:

> Basicamente, as atuais trajetórias de trabalho individuais combinam cada vez mais características de carreiras profissionais e empreendedoras: as carreiras profissionais dependem de reputação certificada pela comunidade de pares e pelos círculos internos de especialistas e intermediários no mundo da arte. Mas as carreiras artísticas apresentam baixa lealdade para com as organizações e os artistas têm muitas vezes de operar como pequenas empresas, mantendo vários empregos e criando, na maioria das vezes, empresas ou empresas marginais. Por exemplo, o número de empregadores nas artes do espectáculo é surpreendentemente elevado, assim como o volume de negócios.[69] (Menger, 2001, p. 250).

Desse modo, os artistas se veem em um dilema: por um lado, precisam formar laços de solidariedade com os colegas para sobreviver, por outro, em um ambiente extremamente competitivo, precisam garantir sua competitividade. Essa disputa se torna ainda mais acirrada em um momento em que se prolifera a lógica *"the winner takes it all"*, uma tendência monopolística da economia digital onde um player domina a maior parte de seu mercado, engolindo seus concorrentes, muitas vezes por aquisições hostis. Como veremos adiante, esta lógica tem prevalecido em boa parte dos mercados em que se manifesta a plataformização, tomando conta também do mercado artístico. Existe pouco espaço para os intermediários dentre aqueles que pretendem fazer da carreira artística sua profissão principal: de um lado temos as estrelas, de outro os amadores.

---

[69] "Basically, current individual work trajectories combine more and more traits from professional as well as from entrepreneurial careers: professional careers rely on reputation certified by the community of peers and by the inner circles of experts and middle men in the art worlds. But artistic careers exhibit low loyalty to organizations, and artists very often have to operate like small businesses, by holding multiple jobs and by setting up more often than not companies or fringe firms. For instance, the number of employers in the performing arts is surprisingly high and so is the turnover". Tradução nossa.

Assim, a tão louvada autonomia oferecida pela carreira artística é experienciada pela grande maioria dos trabalhadores artísticos como incerteza. Essa incerteza se manifesta de diversas formas e em múltiplos níveis, mas acaba sendo vivenciada de alguma maneira por todos aqueles que buscam viver de sua expressão artística. Mais recentemente, um novo fator se introduziu nesse segmento para complexificar ainda mais as características apontadas nas seções anteriores: o advento das plataformas digitais e sua consolidação como infraestrutura de produção e consumo de arte. Adiante, discuto os impactos da plataformização no trabalho artístico.

2.6. Plataformização do trabalho artístico

Se a profissão artista é historicamente marcada por contradições, um fenômeno relativamente recente entra em cena para tornar sua realidade ainda mais complexa: a plataformização. Viver de arte nos dias atuais tornou-se sinônimo de obter rendimentos por meio da monetização de suas obras nas plataformas digitais. É quase impossível hoje imaginar o desempenho da carreira artística sem a adesão às plataformas e toda a sua lógica, que concentram a maior parte da atenção do público consumidor e impõem a anuência às suas regras para que se tenha a chance de conquistar uma fração dessa atenção com suas obras de arte.

Para a definição do conceito de plataformização, recorro ao artigo de Poell, Nieborg e van Dijck (2020) a esse respeito. Os autores analisam o conceito a partir de extensa análise bibliográfica em quatro tradições de pesquisa: computacional, infraestrutural, de negócios e administrativa e econômica. Como resultado, afirmam que tais abordagens são complementares e correspondem a diferentes dimensões do fenômeno. Então, oferecem a seguinte definição:

> [...] compreendemos plataformização como a penetração de infraestruturas, processos econômicos e estruturas governamentais de plataformas em diferentes setores econômicos e esferas da vida. (Poell; Nieborg; Dijck, 2020, p. 5).

Como podemos notar, os autores defendem que a plataformização vai além da dimensão estritamente econômica, influenciando todas as esferas da vida. É um acontecimento que se prolifera de forma ubíqua e submete à sua lógica tudo aquilo que encontra: nossas relações, nossos governos, nossa arte, tudo. Abaixo, destaco as características de cada uma das dimensões apontadas pelos pesquisadores:

a. computacional e infraestrutural: é focada nas plataformas enquanto infraestruturas de dados em constante evolução e nas fronteiras entre elas, assim como nas integrações e fluxos de dados entre elas;

b. administrativa e econômica: coloca no centro as questões de mercado e concorrenciais das plataformas;

c. economia política crítica: busca analisar a acumulação de capital promovida pelas plataformas e sua tendência monopolística;

d. estudos culturais: procura enfatizar as mudanças nas práticas e relações dos usuários.

Mais recentemente, Grohmann e Salvagni (2023), em uma obra sobre o trabalho digital, trazem atualizações e novas reflexões sobre a definição de plataformização e sua relação com conceitos correlatos, como *gig economy*, uberização e economia do compartilhamento. Para os autores, a principal especificidade do conceito de plataformização é o destaque dado ao efeito das plataformas na dimensão do trabalho. Conforme afirmam:

> A plataformização, por sua vez, significa um foco mais detido nas plataformas digitais: como a introdução de plataformas digitais se relaciona com transformações e permanências no mundo do trabalho? Assim, o foco está em compreender como a dependência de plataformas para executar atividades de trabalho altera diferentes domínios da vida social, ampliando formas de subordinação e exploração em linha com necessidades do capital. Dessa forma, analisar a plataformização não significa somente compreender essa dependência, mas também os seus sentidos em relação a mudanças mais amplas. (Grohmann; Salvagni, 2023, p. 37).

Portanto, os estudos a respeito da plataformização vão além do estudo das plataformas em si [*per se*], abrangendo seus múltiplos efeitos, de modo a não cair no determinismo tecnológico. Ao invés disso, compreendem as plataformas digitais como "a um só tempo – empresa, software, infraestrutura, cultura" (Grohmann; Salvagni, 2023, p. 37). Para reforçar as dimensões das plataformas para além da esfera tecnológica, reforçam a diferença entre plataforma e aplicativo – este último sendo apenas um dos elementos da primeira, "sua face mais visível – a interface softwarizada"

(Grohmann; Salvagni, 2023, p. 37). Uma das principais contribuições da obra é destacar a plataformização do trabalho – dentre seus múltiplos efeitos na sociedade, sobressaem-se seus impactos no trabalho humano, nas pessoas que trabalham nelas ou por meio delas para se sustentarem.

Assim sendo, com base nos autores citados, a plataformização não pode ser entendida simplesmente como a disseminação de uma nova tecnologia, ela precisa ser compreendida como um fenômeno que envolve fatores sociais, culturais e econômicos. As plataformas, conforme conhecemos atualmente, não nasceram orientadas ao bem comum, com o objetivo de melhorar a qualidade de vida das pessoas, mas sim voltadas à valorização do capital, potencializando a exploração econômica dos dados. Logo, seu propósito, os algoritmos que as regem e seus modelos de governança estão voltados à geração de excedente, seja financeiro ou informacional – e não ao atendimento das necessidades humanas.

Se o fenômeno da plataformização se dissemina por todos os setores econômicos, deve-se considerar que seus impactos em cada um deles possuem especificidades e gradações distintas. No caso do setor artístico, afirmo que a plataformização se apresenta de maneira ambígua. Isso ocorre porque, por um lado, as plataformas tornaram mais fácil para os artistas levarem suas obras às audiências e monetizá-las. As barreiras de entrada para novos artistas no mercado foram reduzidas drasticamente, e nascem cada vez mais produções caseiras e de baixo investimento que alcançam sucesso. De certo modo, tornar-se um(a) artista profissional está hoje ao alcance de quase todos.

Mas por outro lado, para ter direito a uma chance de usufruir das possibilidades propiciadas pelas plataformas, é preciso aceitar suas regras do jogo. Para ter um lugar de partida no mercado de arte plataformizado, é necessário consentir com seus termos e condições. Tais regras dizem respeito ao que pode ser compartilhado na plataforma, quais conteúdos tendem a ter melhor performance e como (e se) se dará a remuneração sobre essas obras. E o que fazer caso discorde ou não considere justos quaisquer um desses termos? Praticamente nada pode ser feito. Tem-se a impressão de que artistas plataformizados são autônomos e independentes por não haver, de forma explícita, um patrão sobre eles, mas, no fundo, esse lugar é ocupado por um patrão impessoal que é a própria plataforma.

Para Nieborg e Poell (2018), um dos principais efeitos da plataformização da produção cultural é a contingência: cada vez mais, as obras culturais tornam-se efêmeras e personalizadas de acordo com a audiência. Assim, são os algoritmos quem ditam o que, como e quando sua obra será consumida; retirando esse controle dos próprios artistas ou usuários. Portanto, uma das características da obra de arte na era das plataformas é sua instabilidade; elas não se fixam mais em uma materialidade e estão em constante atualização.

Essa atualização, porém, não segue as leis estéticas nem a busca pela melhor fruição, mas sim pelas lógicas algorítmicas que objetivam a maximização da receita das plataformas. Isso coloca novos desafios aos artistas, que precisam considerar esse contexto de consumo no momento de sua criação e têm pouco controle sobre o fluxo de circulação de suas obras.

> A plataformização, como este artigo sugere, marca a reorganização da produção e circulação cultural, tornando as mercadorias culturais contingentes. Essa contingência apresenta novos problemas para teóricos e críticos culturais, que são confrontados com objetos culturais que resistem à estabilização. Textos instáveis levantam uma série de desafios metodológicos e culturais. Em vez de bens culturais físicos fixos, a distribuição digital transforma jogos e notícias em serviços personalizados que diferem para cada indivíduo, com base no tempo, localização, perfil do usuário e comportamento. Os desenvolvedores podem alterar o conteúdo em tempo real e combinado com plataformas orientadas por publicidade, isso tem implicações profundas para a acessibilidade, precisão e diversidade do conteúdo.[70] (Nieborg; Poell, 2018, p. 15).

Em relação aos artistas, destaca-se sua dependência das plataformas – eles passam a precisar delas para criar e cultivar suas audiências, cuja atenção foi absorvida pelas plataformas de *streaming*. Não ser encontrado nas principais plataformas é não existir como artista, e seu sucesso passa a ser medido pelo número de reproduções [*plays*] e seguidores. Por conta dessa pressão, conforme apontam os autores, os artistas são obrigados a aceitar quaisquer condições oferecidas pelas plataformas para que possam estar nelas. É dependência ou morte.

---

[70] "Platformization, as this article suggests, marks the reorganization of cultural production and circulation, rendering cultural commodities contingent. This contingency poses new problems for cultural theorists and critics, who are confronted with cultural objects that resist stabilization. Unstable texts raise a wealth of methodological and cultural challenges. Instead of fixed, physical cultural commodities, digital distribution turns games and news into personalized services that differ for each individual, based on time, location, user profile, and behavior. Developers can alter content in real-time and combined with advertising-driven platforms, this has profound implications for content accessibility, accuracy, and diversity". Tradução nossa.

> [...] como as mercadorias culturais contingentes são inerentemente dependentes da plataforma, seus produtores são efetivamente cúmplices na aceitação de mecanismos econômicos, estratégias de gestão e estruturas de governança e infraestruturas que igualam a desproporcionalidade, dependência e desigualdade. (Nieborg; Poell, 2018, p. 15).

Um outro conceito semelhante que busca dar conta da crescente dominância das plataformas, especialmente no setor criativo, é o de Capitalismo de Estrangulamento, apresentado no livro "Chokepoint Capitalism: How Big Tech and Big Content captured creative labour markets and how we'll win them back" (Giblin; Doctorow, 2022). A metáfora do estrangulamento é utilizada para descrever o método pelo qual grandes empresas buscam estrangular aqueles que produzem os conteúdos dos quais seus modelos de negócios dependem.

Apesar desses estrangulamentos não se limitarem aos segmentos ditos criativos ou culturais, a autora argumenta que as empresas encontram nele um ambiente propício à estratégia. Assim, analisa que, apesar do discurso de que seus modelos se baseiam na "colaboração", o valor gerado pela criatividade coletiva é capturado por poucos.

> Estrangulamentos não são de forma alguma exclusivos das indústrias culturais. Para onde quer que olhemos, as empresas estão a tentar criar as condições que lhes garantirão uma parte desproporcional do valor do trabalho de outras pessoas – Uber, Facebook, Monsanto, Google, Perdue Farms e John Deere entre elas. Mas são especialmente difundidos nos mercados de trabalho criativos, onde as empresas têm demonstrado particular engenhosidade na descoberta de formas de escavação entre o público e os produtores culturais para capturar o valor que flui entre eles. Isto faz das indústrias culturais um microcosmo ideal para explorar este fenômeno.[71] (Giblin; Doctorow, 2022, p. 14).

Não é por acaso que os maiores artistas da atualidade alcançaram seu sucesso por meio da viralização de músicas caseiras publicadas em

---

[71] "Chokepoints are by no means unique to the culture industries. Everywhere you look, corporations are trying to create the conditions that will secure them a disproportionate share of the value of other people's labor—Uber, Facebook, Monsanto, Google, Perdue Farms, and John Deere among them. But they are especially pervasive in creative labor markets, where corporations have demonstrated particular ingenuity in finding ways of burrowing between audiences and culture producers to capture the value that flows between them. That makes the culture industries an ideal microcosm from which to explore this phenomenon". Tradução nossa.

plataformas de *streaming*. Músicos como Billie Eilish e Jão incorporam o ideal da "pessoa comum" que, de um dia para o outro, por um empurrão algorítmico, podem se tornar grandes estrelas. Assim, todos nós produzimos o conteúdo do qual as plataformas extraem valor, e a grande maioria de nós não recebe nada por isso. No entanto, as plataformas escolhem alguns poucos para dar uma recompensa maior e criar a ilusão de que os melhores são premiados.

> Entre elas, estas empresas estão a gerar uma enorme riqueza. Alguns dos criadores que eles distribuem também o são, mas as manchetes sobre a fortuna de um bilhão de dólares de Jay-Z ou o suculento adiantamento pago ao autor estreante de um novo suspense disfarçam a realidade: muito pouco da vasta riqueza gerada pela arte e pela cultura é compartilhada com as pessoas que realmente fazem isso.[72] (Giblin; Doctorow, 2022, p. 2).

É como na série de filmes "Jogos Vorazes", que, como punição pela rebelião dos distritos contra a capital, exige que periodicamente dois representantes de cada distrito se enfrentem numa batalha até a morte, porém, um deles é sempre mantido vivo, para cultivar a esperança de que é possível vencer o sistema. Resta pouco espaço para artistas medianos, que querem viver de sua arte, mas que não sentem a ambição de figurar nos *trending topics*. De acordo com a *Art.coop*, estabeleceu-se um "modelo superstar" [*superstar model*] em que apenas estrelas têm lugar ao céu. Diante disso incentiva-se os artistas a encontrar um caminho do meio entre o "artista faminto" e o "sucesso de loteria", vivendo seus valores e pagando as contas: "Você não precisa ser um artista faminto ou vendido. Você pode encontrar um trabalho onde viva com alegria seus valores e pague as contas"[73][74] (Art.coop).

A aparente flexibilidade de sua atividade esconde uma precarização que se aprofunda com a introdução das plataformas em sua prática

---

[72] "Between them, these corporations are generating enormous wealth. Some of the creators they distribute are too, but headlines about Jay-Z's billion-dollar fortune or the juicy advance paid to the debut author of a hot new thriller disguise the reality: precious little of the vast wealth generated by art and culture is shared with the people who actually make it". Tradução nossa.

[73] Disponível em: https://mailchi.mp/f13b51afc806/updates=-from-artcoop-what-are-the-art-worlds-we-want?e-c0a8f9baf2. Acesso em: 20 fev. 2024.

[74] "You don't have to be a starving artist or a sell out. You can find work where you joyfully live your values and pay the bills". Tradução nossa.

profissional, distanciando-os de suas obras e deixando-os à mercê das modulações algorítmicas. A plataformização opera um distanciamento que gera um duplo benefício às plataformas: primeiro, porque facilita a aceitação de baixas condições de trabalho, segundo, porque dificulta sua mobilização. Porém, como pontua Giblin e Doctorow (2022), as próprias plataformas digitais também possibilitam novas formas de mobilização:

> Embora seja verdade que é mais difícil encontrar pessoalmente um trabalhador substituto quando esse trabalhador está do outro lado do mundo, da mesma forma, nunca foi tão fácil a comunicação entre trabalhadores dispersos, graças aos meios digitais e às ferramentas de organização digital. Os trabalhadores temporários – que estão a viver o futuro de todos os trabalhadores, se as coisas não mudarem – foram pioneiros na utilização de grupos de redes sociais para comparar notas e fazer uma causa comum, coordenando ações em todo o mundo.[75] (Giblin; Doctorow, 2022, p. 178).

Desse modo, o artista precisa se interessar pelas questões em torno das plataformas, pois é diretamente afetado por seus regimes de propriedade e governança. Ao invés de tentar seguir na contramão dessa tendência que se expande para todos os mercados, lutando contra a plataformização per se, parece mais interessante se posicionar na construção de uma outra plataformização possível. Eles podem se engajar na construção de plataformas que desde o seu desenho partem e são orientadas por outras lógicas. Mas é preciso ir além: não basta que as plataformas sejam diferentes, faz-se necessário que toda a sua estrutura de propriedade e governança também o seja. Isso inclui seus princípios, seus processos, suas formas de financiamento, todos os seus aspectos. Para tal, é preciso que as experiências existentes, que já vêm acumulando bagagem ao lidar com esses desafios, sejam vistas por eles e compartilhem entre si.

> Essa é mais uma razão pela qual todos os artistas – e todos os trabalhadores – precisam de se preocupar com o aspecto da Internet: uma Internet centralizada, equipada para vigilância total, é uma sentença de morte para todas as lutas

---

[75] "While it's true that it's harder to meet up with a replacement worker in person when that worker is halfway around the world, by the same token it's never been easier for scattered workers to communicate, thanks to digital media and digital organizing tools. The gig workers—who are living the future of all workers, if things don't change—pioneered the use of social media groups to compare notes and make common cause, coordinating action around the world". Tradução nossa.

pela justiça. Mas uma Internet pluralizada, descentralizada e centrada no ser humano é um lugar onde os trabalhadores de todo o mundo podem organizar-se e reagir.[76] (Giblin; Doctorow, 2022, p. 179).

Portanto, as discussões a respeito da plataformização e das plataformas digitais estão diretamente conectadas ao trabalho artístico. Quem são os proprietários e como são geridas influencia diretamente suas condições de trabalho, como e por quem suas obras são consumidas, além de seus níveis de autonomia. Diante dessa constatação, emergem movimentos que buscam indicar caminhos para a reapropriação das plataformas digitais com base em conceitos como os de cooperação e solidariedade.

Neste capítulo, apresento e discuto o que entendo por "trabalho artístico", resgato e problematizo as relações entre capitalismo e arte e pontuo os múltiplos e diversos desafios que se impõem aos trabalhadores artísticos. Essa escolha se deu porque, conforme argumento, o setor artístico desempenha papel central no regime de produção atual, e os artistas experienciam a original precarização do trabalho, que se expande gradativamente para outros setores. Ao analisar sua exploração e resistências, acredito poder encontrar pistas do que está em curso com a economia digital e quais as possíveis alternativas que se apresentam.

A complexidade das questões apontadas faz-me crer que nenhuma solução única será suficiente para proporcionar autonomia, pagamentos justos e melhores ambientes de criação. Entretanto, a simples resignação diante da expansão da plataformização corporativa, a precarização das condições de vida dos artistas e sua alienação das obras criadas por eles seria conivente com sua autodestruição.

Diante desse cenário, aposto na cooperação e na solidariedade, das infinitas formas em que podem se manifestar como conceitos inspiradores de modelos organizacionais. Esse argumento é reforçado pelos casos ilustrativos que sustentam que não falo de uma proposta idealista, mas de uma economia concreta emergente. Essas realidades já existem e têm criado condições concretas de autonomia e equidade.

Minha hipótese é que, dessa multidão de corpos criativos, pode surgir uma alternativa para nossa forma de pensar e organizar o trabalho,

---

[76] "That's yet another reason that every artist—and every worker—needs to be concerned about how the internet looks: a centralized internet, instrumented for total surveillance, is a death knell for all justice struggles. But a pluralized, decentralized, human-centric internet is a place where workers everywhere can organize and fight back". Tradução nossa.

já quase totalmente capturada pelo realismo capitalista (FISHER, 2009). A cegueira da imaginação por novas formas de organizar o trabalho se tornou tão grande que somente o campo artístico é capaz de fomentar uma "imaginação radical" (KHASNABISH, HAIVEN, 2014). Acredito que suas obras de arte podem ser novos modelos de governança, seus instrumentos, as plataformas digitais, e seus espetáculos, novas economias.

> Isto não significa postular a arte e a cultura como essencialmente críticas, ou os seres humanos como essencialmente cooperativos. [...] Assim, o trabalho (e aqui o trabalho criativo) torna-se um local de ressocialização, uma vez que é melhor realizado com ou para os 'outros'.[77] (McRobbie, 2024).

Independentemente das inspirações conceituais, modelos de negócio ou infraestruturas técnicas adotadas pelas alternativas uma coisa precisa ser constante: a valorização da relação entre os artistas no fazer artístico. É fundamental ir na contramão da atomização social propagada pelas plataformas e resgatar o *fazer com*. Como veremos adiante, a principal contribuição dessas alternativas é reaproximar os artistas em laços cooperativos e solidários, num contexto em que são distanciados pela pressão competitiva.

Dentre as muitas reações aos problemas apresentados neste capítulo, especialmente aquelas dedicadas à construção de alternativas, há uma parte significativa que se alia às tradições do cooperativismo e da economia solidária. No próximo capítulo, analisarei as inspirações – conceitos, valores e princípios – dessas iniciativas, destacando as características e diferenças entre elas.

---

[77] "This is not to posit art and culture as essentially critical, or human beings as essentially co-operative. [...] Thus work (and here creative work) becomes a site for re-socialisation, since it is better done with or for 'others'". Tradução nossa.

3

MUSAS INSPIRADORAS – ECONOMIA SOLIDÁRIA E COOPERATIVISMO

> *Eu vejo esses movimentos como a melhor esperança para o futuro da humanidade ... mas também sob intensa pressão das exigências econômicas do capitalismo moderno, então ainda marginal no grande esquema das coisas.*[78]
>
> (Cosmos Cooperative)

É diante das problemáticas apresentadas no capítulo anterior que emergem organizações que se colocam como alternativas para a governança do trabalho artístico. Essas organizações, porém, na maioria das vezes, nascem não como propostas totalmente originais, mas alinhadas a movimentos que possuem uma história, uma institucionalidade e princípios norteadores. Esses movimentos são suas "musas inspiradoras", ao servirem os conceitos, valores e princípios que são incorporados em seus modelos de governança. Dentre esses movimentos, identifiquei na fase empírica a predominância de dois: o cooperativismo e a economia solidária. Mas afinal, o que têm em comum movimentos centenários e organizações contemporâneas de propriedade compartilhada e gestão coletiva criadas por artistas? Esta é a questão condutora do presente capítulo.

Tais movimentos, apesar de compartilharem a semelhança de buscarem arranjos econômicos mais democráticos e equitativos, apresentam também bastante diversidade entre si. Existem mais tradicionais e mais recentes, menos institucionalizados e mais institucionalizados, historicamente consolidados e em recente expansão. Devido às naturais limitações deste trabalho, não pretendo apresentar e discutir todas essas influências conceituais. Para nossos objetivos, foquei nas duas correntes com maior influência sobre os projetos analisados.

---

[78] "I see these movements as the best hope for the future of humanity... but also under intense pressure from the economic demands of modern capitalism, so still marginal in the big scheme of things". Tradução nossa.

É também importante ressaltar que esses movimentos são marcados por desafios, contradições e idiossincrasias. Especialmente porque, como políticas prefigurativas, existem dentro do modo de produção capitalista e não escapam às suas pressões. Eles também enfrentam a demanda por criar modelos de negócio sustentáveis, oferecer produtos e serviços de qualidade, manter-se atualizadas tecnologicamente e ainda fazerem as contas fecharem no fim do mês. Todavia, as evidências disponíveis sobre essas iniciativas concretas mostram que são capazes não apenas de sobreviver, mas criar melhores condições para os artistas, como microcosmos de um mundo do trabalho imaginado.

Desse modo, ao analisar como os projetos cartografados se relacionam com essas correntes, não encontrei uma resposta unívoca. Na verdade, identifiquei gradações de aderência a eles, desde aquelas que os consideram como uma das principais saídas para os problemas impostos pelo capitalismo até aquelas que fazem questão de pontuar suas limitações. Isso aparece de forma evidente na estrutura das respostas, que geralmente se iniciam com um grande elogio do seu papel e concluem apontando seus desafios. Por exemplo, quando perguntados como veem os movimentos do Cooperativismo e da Economia Solidária, a Means TV afirma num tom mais positivo:

> Vejo-os como críticos na derrubada dos modos de produção capitalistas e no apoio a um maior poder dos trabalhadores. São forças instrumentais, juntamente com o trabalho, na construção de uma economia mais equitativa.[79] (Entrevista Means TV).

Em contraste, sua ambivalência é pontuada pela Cosmos Cooperative na entrevista. Por um lado, consideram constituir a "melhor esperança" para um futuro melhor "da humanidade" e não somente dos artistas ou do mundo do trabalho. Por outro lado, fazem a ressalva de que, justamente por existirem no interior do modo de produção capitalista contemporâneo, seu impacto concreto nas dinâmicas do mundo e na transformação prática da realidade é limitado. Nesse sentido, estão um pouco mais alinhados com a minha perspectiva: a de constituírem políticas prefigurativas, que não necessariamente vêm para substituir o modelo presente, mas para cultivar a imaginação por outros futuros possíveis.

Em seus termos:

---

[79] "I see them as critical in overthrowing Capitalist modes of production and supporting greater worker power. They're instrumental forces, alongside labor, in building a more equitable economy". Tradução nossa

ECONOMIA SOLIDÁRIA E ARTE

> *Vejo esses movimentos como a melhor esperança para o futuro da humanidade... mas também sob intensa pressão das exigências econômicas do capitalismo moderno, então ainda marginal no grande esquema das coisas.*[80] (Entrevista Cosmos Cooperative).

Ao cruzar de forma mais ampla as perspectivas obtidas, podemos resumir a relação entre as experiências alternativas de governança do trabalho artístico e os movimentos do cooperativismo e da economia solidária como uma adesão crítica. Elas reconhecem a história e importância de tais propostas, mas apresentam críticas, especialmente à sua dimensão institucionalizada. De modo geral, as experiências criticam: 1) As exigências para o reconhecimento formal da adesão a eles; 2) A perda da sua radicalidade na crítica ao capitalismo; e 3) O considerado alto investimento de recursos (especialmente tempo e dinheiro) para participar de suas dinâmicas institucionais. Para citar um exemplo dessa última crítica, reproduzo trecho a esse respeito da entrevista da Artisans Cooperative:

> *Ambos são movimentos importantes com os quais a nossa causa está alinhada, mas conferências e webinars estão fora do nosso alcance em termos de dinheiro e tempo.*[81] (Entrevista Artisans Cooperative).

Neste capítulo, dediquei-me a discutir a relação entre o segmento das artes e os movimentos do cooperativismo e da economia solidária, com suas respectivas vertentes, e apresentei propostas recentes de sua atualização. Para tal, resgatei brevemente sua história, destacando seus momentos-chave, princípios definidores e atores centrais, começando pelo âmbito internacional e, em seguida, adentrando o contexto nacional. Além disso, discorro rapidamente sobre como cada um deles tratou a questão das artes e seus profissionais. Depois, apresentei e discuti propostas recentes de sua atualização a partir do advento das novas tecnologias – em especial, o cooperativismo de plataforma (Scholz, 2017) e a economia solidária 2.0 (Alvear; Neder; Santini, 2023). Por fim, introduzi novas propostas conceituais que, diante de problematizações dessas propostas, já apontam para outros rumos – como no conceito de plataformas de propriedade dos trabalhadores (Grohmann, 2023) e de plataformização solidária (Zanatta, 2023).

---

[80] "I see these movements as the best hope for the future of humanity... but also under intense pressure from the economic demands of modern capitalism, so still marginal in the big scheme of things". Tradução nossa.

[81] "They are both important movements that our cause is aligned with, but conferences and webinars are out of our reach money- and time-wise". Tradução nossa.

3.1. Economia solidária e arte

Conforme mencionado brevemente nas reflexões metodológicas deste trabalho, ao mergulhar no universo das cooperativas do setor das artes, acabei esbarrando em um outro movimento que me provocou a ampliar meu escopo de análise: a economia solidária. Assim, minha motivação inicial foi seguir para onde a empiria me levava em suas apresentações, e acabei desembocando em um movimento com raízes históricas que apresentam aproximações e distanciamentos do cooperativismo.

A investigação da relação entre esses movimentos se mostrou profícua na superação de algumas das limitações apontadas do cooperativismo e a identificação de todo um potencial ainda pouco explorado entre artes e economia solidária. Por ter sido um rumo inesperado tomado pela pesquisa e pela carência de iniciativas concretas que se apropriam do conceito, ele não será desenvolvido aqui com a mesma profundidade do cooperativismo. Todavia, não podemos deixar de apontar algumas reflexões e perspectivas sobre as relações entre a economia solidária e o trabalho artístico.

Com relação às semelhanças, ambos os movimentos apresentam em suas raízes valores como os da solidariedade, cooperação, autogestão, democracia e justiça social. E nascem como uma resposta à exclusão e à desigualdade estruturais promovidas pelo capitalismo contemporâneo. Eles buscam unir os trabalhadores na criação de alternativas que lhes garantam mais autonomia e melhores condições de vida. Sua proximidade é tamanha que frequentemente são empregadas expressões que as unem, como em "cooperativismo solidário".

A economia solidária, assim como o cooperativismo, também possui um legado centenário, internacional e institucionalizado. No entanto, apresenta uma inicial diferença significativa de não exprimir, necessariamente, um modelo organizacional específico. Em outras palavras, representa mais um "conceito guarda-chuva" capaz de abarcar uma série de arranjos organizativos, especialmente comunidades, mas também cooperativas, associações, fundações, ONGs, entre outros. Assim, enquanto no Cooperativismo existe um modelo organizacional específico – a cooperativa –, a Economia Solidária (ES) se apresenta como mais aberta a múltiplas formas de organização.

Uma outra diferença fundamental é com relação ao seu posicionamento no mercado. O cooperativismo busca se inserir no mercado existente, competindo com as empresas capitalistas. Já a economia solidária procura se colocar como uma alternativa ao modelo econômico dominante, buscando uma transformação mais sistêmica. Suas definições costumam apresentar um número maior de variações a depender do contexto. É um conceito que diz respeito não apenas ao econômico – procurando criar uma economia mais justa e democrática – mas também ao social – buscando uma sociedade mais sustentável e diversa. Frequentemente, aparece em sinergia com movimentos sociais e a defesa dos direitos das minorias.

Para citar uma definição no âmbito internacional, mencionemos a da Cooperation Humboldt, uma rede de economia solidária baseada na Califórnia. Como podemos observar na citação acima e a seguir, as definições apresentadas costumam ter abrangência ao falar em "sociedade", "sistema" e "economia". Assim, almeja uma transformação mais holística da sociedade, e não apenas os microcosmos das organizações alinhadas ao movimento.

> A economia solidária é um sistema em que todos têm as suas necessidades satisfeitas de uma forma que não explora ninguém nem prejudica o ambiente. É uma economia que incorpora os valores da justiça económica e social, da diversidade, da cooperação, da autogestão e da sustentabilidade ecológica. Ele destaca alternativas ao capitalismo. Articula abordagens sobre como a nossa economia pode servir melhor as pessoas e o planeta, em vez dos lucros privados e do crescimento cego.[82][83]

A origem histórica da economia solidária é situada por Paul Singer, um de seus principais estudiosos e promotores no Brasil, na sequência da Primeira Revolução Industrial na Grã-Bretanha. Mais especificamente, por iniciativa do latifundiário Robert Owen, que, por seu esclarecimento e preocupação com o crescente empobrecimento da população, apresentou ao governo britânico um plano que propunha o reinvestimento dos excedentes da produção em Aldeias Cooperativas. Após esse pontapé inicial, o que ele chama de "cooperativas owenistas" passou a se disseminar em conjunto com as lutas sindicais.

---

[82] Disponível em: https://cooperationhumboldt.com/about-1/. Acesso em: 31 maio 2023.

[83] "A solidarity economy is a system in which everyone has their needs met in a way that does not exploit anyone or harm the environment. It is an economy that embodies the values of economic and social justice, diversity, cooperation, self-management, and ecological sustainability. It highlights alternatives to capitalism. It articulates approaches to how our economy can better serve people and the planet rather than private profits and blind growth". Tradução nossa.

> Esta é a origem histórica da economia solidária. Seria justo chamar esta fase inicial de sua história de "cooperativismo revolucionário", o qual jamais se repetiu de forma tão nítida. Ela tornou evidente a ligação essencial da economia solidária com a crítica operária e socialista do capitalismo. A figura que sintetizou pensamento e ação nesta fase foi sem dúvida Owen, exemplo acabado de pensador e homem de ação e que inspiraria os seus sucessores. Engels colaborou na imprensa owenista e tanto ele quanto Marx deveram muito a Owen, dívida aliás nunca contestada. (Singer, 2002, p. 35).

A ES busca, assim, criar um ecossistema independente de produção e circulação baseado na solidariedade capaz de prover tudo que uma pessoa precisa para viver: alimentação, moradia, educação, transporte, etc. Tudo isso é gerido não por um ator externo, como o Estado ou o mercado, mas as próprias pessoas.

No diagrama abaixo, comumente utilizado pelo movimento para ilustrar a dinâmica da ES, vemos como essa noção holística e de interdependência é percebida. Não por acaso apresenta o formato circular (o que remete a um outro conceito próximo, o de Economia Circular) e abarcam as principais esferas da vida.

No diagrama abaixo, comumente utilizado pelo movimento para ilustrar a dinâmica da ES, vemos como essa noção holística e de interdependência é percebida. Não por acaso, apresenta um formato circular (o que remete a um conceito próximo, o de Economia Circular) e abrange as principais esferas da vida.

Figura 2 – Diagrama da Economia Solidária

Fonte: Grantmakers in the Arts

O relatório "Solidarity Not Charity: Arts & Culture Grantmaking in the Solidarity Economy" (Linares; Woolard, 2021) apresenta uma pesquisa robusta sobre a relação entre a Economia Solidária (ES) e o financiamento de artes e cultura nos Estados Unidos. A publicação inspirou diretamente este trabalho e foi o ponto de partida para a criação da Art. coop, um dos casos ilustrativos aqui analisados. Seu principal objetivo é orientar financiadores (*grantmakers*) sobre por que e como investir em iniciativas que promovem a ES no campo da cultura e das artes. Um dos dados empíricos que a pesquisa traz é que o conceito de ES é relacionado por artistas e trabalhadores culturais a termos como:

> [...] autodeterminação, equidade, orçamento participativo, cooperativas de trabalhadores, cooperativas de crédito, ajuda mútua, desenvolvimento comunitário, economia cooperativa, transição justa, economia restaurativa, economia regenerativa, economia negra, nova economia, economias comunitárias, decrescimento, bens comuns, duplo poder, economia de libertação, e justiça econômica. (Linares; Woolard, 2021, p. 42).[84]

Portanto, o foco da ES está menos em incentivar iniciativas específicas e mais em fomentar um ecossistema. Apesar de o cooperativismo incentivar a Intercooperação, buscando promover a cooperação entre cooperativas, essa relação aparece como ainda mais central na economia solidária. É como se o cooperativismo partisse da parte para o todo, e a ES parte do todo para a parte. Isso porque defendem que toda iniciativa, independentemente do seu setor, colabora para que existam outras em outros setores: "todas as redes e infraestruturas da economia solidária – independentemente da sua ênfase nas artes e na cultura – apoiarão artistas e portadores de cultura"[85] (Linares; Woolard, 2021, p. 44). Assim, empreendimentos solidários de todos os tipos são fundamentais para a criação e manutenção daqueles ligados às Artes, porque "a economia solidária precisa de artistas e os artistas precisam de uma economia solidária!"[86][87].

Como principal expoente de iniciativa artística ligada explicitamente à economia solidária encontrei a Art.coop. As comunidades apoiadas pela iniciativa nascem fundamentalmente da solidariedade na precariedade. De modo geral não surgem de uma união já motivada por ideais sociais e políticos, mas especialmente como estratégia de sobrevivência. *"Esses trabalhadores viviam exploração e escassez. Então tudo o que eles fizeram foi se unir para atender às suas necessidades"*[88] (Entrevista Art.coop). Antes de se reunir para criar, encontram-se para viver. Experienciam, talvez como nenhuma outra classe, o que se tem chamado de empreendedorismo por

---

[84] "Selfdetermination, equity, participatory budgeting, worker cooperatives, credit unions, mutual aid, community development, cooperative economics, just transition, restorative economics, regenerative economics, Black economics, new economy, community economies, Degrowth, commons, dual power, liberation economy, and economic justice". Tradução nossa.

[85] "All networks and infrastructure in the Solidarity Economy—regardless of their emphasis on arts and culture—will support artists and culture-bearers". Tradução nossa.

[86] Disponível em: https://cooperationhumboldt.com/dismantle-capitalism/. Acesso em: 31 maio 2023.

[87] "The solidarity economy needs artists and artists need a solidarity economy!". Tradução nossa.

[88] "These workers were experiencing exploitation and scarcity. So, all they did was come together to meet their needs". Tradução nossa.

ECONOMIA SOLIDÁRIA E ARTE

necessidade. Na entrevista, também destacam a contradição que é fazer esse trabalho nos Estados Unidos. Em nosso mapeamento, identifiquei que o país possui uma grande presença de iniciativas cooperativas e solidárias nas artes, se comparado a outros países. Entretanto, afirmam ver-se muito aquém de países como o Brasil em termos de Economia Solidária em geral. Como exemplos, citam o Orçamento Participativo e o Movimento dos Trabalhadores Sem Teto (MTST) como exemplos bem-sucedidos brasileiros de ES, dizendo que respeitam e se inspiram muito nesse legado.

Por outro lado, também reconhecem o valor de discutir de solidariedade no "estômago da besta" (*in the belly of the beast*), porque a cultura produzida lá é consumida por todo o mundo. "A cultura americana alcança o mundo. E então, se tivermos mais artistas, mais engajados, talvez isso possa estimular mais"[89]. Assim, sua luta é percebida, em suas palavras, como uma batalha de Davi contra Golias.

> *Sabendo que você está sendo fodid* pelo sistema econômico, mas tipo, realmente aprendendo sobre legados e outros sistemas? Anticapitalismo, sim. Mas pós-capitalismo, sabe? Penso que a economia solidária fornece um exemplo tangível e figurativo em alguns aspectos.*[90] (Entrevista Art.coop).

Quando perguntados a respeito de como encaram o cooperativismo, destacadamente em seu sentido institucionalizado, afirmam ser embaixadores do movimento. Mas criticam o que chamam de "teste de puridade". Isso porque, dentro do movimento, você só tem legitimidade se for membro ativo de uma cooperativa. Caso não o seja formalmente, não é considerado "perigoso" no sentido positivo e radical do termo. E que o movimento não dá a atenção devida às artes e ao marketing, que considera fundamentais para trazer mais pessoas. Em termos de suporte financeiro, também não vê um grande apoio vindo do cooperativismo institucionalizado, por este também estar lutando financeiramente para se subsistir.

Desse modo, ao me debruçar sobre a economia solidária, encontrei menos relações estabelecidas com o trabalho artístico e projetos prefigurativos. Todavia, o movimento se mostrou um potencial aliado das

---

[89] "American culture reachers the world. And so if we have more artists, more engaged, maybe that could spur more". Tradução nossa.

[90] "Like knowing that you're being f*cked by the economic system, but like, actually learning about legacies and other systems? Anti-capitalism, yes. But Post-capitalism, you know? I think the solidarity economy provides a tangible and figurative example in some ways". Tradução nossa.

experiências alternativas de organização da arte, possivelmente até maior que o cooperativismo, atualmente a principal inspiração das iniciativas estudadas. Por não estabelecer modelos organizativos únicos, mas aceitar uma diversidade deles, o movimento oferece maior flexibilidade para que os artistas exerçam a arte da organização com liberdade criativa. Além disso, pela centralidade das questões de justiça social no movimento, eles tendem a se sentir mais acolhidos em sua vocação para a resistência.

Após um breve panorama da história e princípios da economia solidária, bem como suas raízes em comum com o cooperativismo, adentremos sua presença no território nacional. A ES possui forte presença no Brasil, com suas raízes históricas remetendo a uma profunda conexão com os movimentos sociais, em especial pelos direitos dos trabalhadores. Por inúmeros fatores (culturais, econômicos, históricos, etc.) o Brasil se apresenta como um solo fértil para tais experiências que, unidas com nossa propensão criativa e artística, podem ser um grande laboratório que espelha para o mundo experiências alternativas de governança do trabalho artístico.

A *New Economy Coalition*[91], uma das principais organizações internacionais de fomento à Economia Solidária, publicou uma lista de recursos[92] (*resource list*) sobre economias solidárias na América Latina. Como exemplos brasileiros, menciona iniciativas nacionais como o Orçamento Participativo, o Movimento Sem Terra (MST) e a experiência de Maricá-RJ com a criação do Banco Mumbuca. Assim, pode-se afirmar que o Brasil é referência internacional em experiências econômicas solidárias e também em sua teorização, fornecendo diversos exemplos práticos de como ela pode ser exercida.

Em seu clássico "Introdução à Economia Solidária" (2002), Paul Singer argumenta que as cooperativas são protótipos da ES. É como se, da intercooperação entre diversas cooperativas nos mais variados setores da economia, se formasse de maneira ampla a ES. De certo modo, essa pretensão não é vista nos empreendimentos cooperativos, que almejam criar uma economia cooperativista e não necessariamente solidária.

> A solidariedade na economia só pode se realizar se ela for organizada igualitariamente pelos que se associam para

---

[91] Disponível em: https://neweconomy.net/. Acesso em: 13 dez. 2023.

[92] Disponível em: https://docs.google.com/document/d/e/2PACX-1vTUa8vjAR9nRbOV19fO7XcAdAgQsiBs222f-8G0yaaUfG_9NGh90SgNpBG9aGMIxqD9_d1p97bd7Y2dj/pub. Acesso em: 13 dez. 2023.

> produzir, comerciar, consumir ou poupar. A chave dessa proposta é a associação entre iguais em vez do contrato entre desiguais. Na cooperativa de produção, protótipo de empresa solidária, todos os sócios têm a mesma parcela do capital e, por decorrência, o mesmo direito de voto em todas as decisões. Este é o seu princípio básico. Se a cooperativa precisa de diretores, estes são eleitos por todos os sócios e são responsáveis perante eles. Ninguém manda em ninguém. E não há competição entre os sócios: se a cooperativa progredir, acumular capital, todos ganham por igual. (Singer, 2002, p. 9).

Apesar de muitas raízes e princípios comuns, ao longo de seu desenvolvimento, os movimentos do cooperativismo e da economia solidária foram criando distanciamento e tensões. Para Zanatta (2022), isso se deu pelo aprofundamento das diferenças entre eles: o cooperativismo se tornou cada vez mais pragmático e distanciado da política, enquanto a economia solidária buscava manter seu contato com os movimentos sociais e seu apelo político.

> No auge desse conflito entre pragmatistas (orientados para a ampliação do poder das cooperativas de forma apolítica) e marxistas (orientados para a elaboração da Economia Solidária como alternativa socioeconômica no plano programático), Paul Singer defendeu a separação total entre cooperativismo e economia solidária. Para ele, o grupo institucionalizado não deve ser reconhecido como parte dessa nova economia solidária. (Zanatta, 2022, p. 44).

Essa separação, de acordo com Zanatta (2022), provocou um distanciamento entre as instituições representantes de cada um desses movimentos. No entanto, ainda segundo o autor, uma questão tem atuado para reaproximar os dois movimentos: a discussão sobre inovação social e democracia econômica.

> Para os adeptos das teorias da luta de classes, da transformação social pela luta política e das correntes pós-marxistas de pensamento e ativismo, o cooperativismo brasileiro parece pragmático demais e carregado de uma forma de neutralidade política artificial. Ao mesmo tempo, para o cooperativismo institucionalizado, os movimentos de economia solidária parecem muito partidários, politizados e desconectados dos valores conservadores de grande parte do interior do Brasil. Como argumentarei na seção seguinte, essa distância histórica tem diminuído gradativamente

graças a uma linguagem comum sobre inovação social e democracia econômica por meio do cooperativismo digital. (Zanatta, 2022, p. 49).

Um dos exemplos disso foi a participação da Unisol Brasil – Central das Cooperativas e Empreendimentos Solidários[93], instituição equivalente à Organização das Cooperativas Brasileiras (OCB) no universo da economia solidária, na construção do "Plano de ação para Cooperativismo de Plataforma no Brasil"[94]. Uma segunda evidência disso é a construção da Política Nacional de Economia Digital Solidária, iniciativa da recém reativada Secretaria de Economia Solidária do Governo Federal[95]. Não apenas para o cooperativismo, mas também para a economia solidária, está ficando clara a necessidade de incorporar, de forma central, reflexões sobre sua adaptação e relevância na economia digital.

Como o movimento da economia solidária tem encarado a questão da tecnologia? É importante destacar que, de modo geral, a economia solidária está mais distanciada das discussões sobre economia digital do que o cooperativismo. Não se encontra, ainda, no campo da ES o equivalente ao que o cooperativismo de plataforma representa para o cooperativismo, no sentido de um conceito específico e um movimento organizado centralmente em torno do enfrentamento dos desafios impostos pela tecnologia. Entretanto, ao menos nas publicações acadêmicas, começam a surgir esforços para aproximar esses campos. Nas próximas seções, mencionei brevemente duas propostas conceituais recentes que buscam estabelecer diálogo entre a economia solidária e as novas tecnologias.

Assim como no cooperativismo, emergem propostas que buscam conectar seus conceitos com as novas tecnologias, na economia solidária, também surgem proposições que visam transportar seus princípios para o pensamento sobre e desenho da tecnologia. Essas são propostas recentes, cujo alcance ainda se concentra especialmente nos espaços acadêmicos, que precisariam de maior conexão com as instituições da economia solidária, suas organizações e os movimentos sociais para se constituírem enquanto movimentos propriamente ditos. Todavia, assim como o cooperativismo de plataforma emergiu inicialmente como uma proposta acadêmica, essas proposições podem vir a inspirar iniciativas concretas.

---

[93] Disponível em: https://unisolbrasil.org.br/. Acesso em: 10 mar. 2024.

[94] Disponível em: https://digilabour.com.br/manifesto/ Acesso em: 10 mar. 2024.

[95] Disponível em: https://rosalux.org.br/governo-federal-e-sociedade-civil-debatem-bases-para-politicas-de-cooperativismo-de-plataforma/&sa=D&source=docs&ust=1709991013680725&usg=AOvVaw2-mTnOD7tB-PJuAUo464PJV. Acesso em: 10 mar. 2024.

A primeira delas é a proposta de uma Economia Solidária 2.0, que represente um "cooperativismo de plataforma solidário". Ela foi elaborada em um artigo publicado na revista P2P & Inovação, do Instituto Brasileiro de Informação em Ciência e Tecnologia (IBICT), por Celso Alvear, Ricardo Neder e Daniel Santini (2023). Os autores partem da constatação de que há um distanciamento entre as organizações da economia solidária e o desenho das tecnologias, fazendo com que aquelas que se apresentam como disponíveis não reflitam seus princípios. É feita a crítica de que as tecnologias criadas pelo capitalismo de plataforma servem somente ao consumo descartável e não aos interesses da economia solidária, que busca ser um instrumento de transformação social e inclusão.

> Entre as inúmeras dificuldades que as cooperativas e empreendimentos econômicos solidários enfrentam, uma delas é o acesso a tecnologias e, principalmente, tecnologias apropriadas às suas formas de organização e valores. (Alvear; Neder; Santini, 2023, p. 50).

Para que isso ocorra, argumenta-se haver a necessidade de aproximação entre movimentos sociais e profissionais das Tecnologias da Informação e Comunicação (TICs) no desenvolvimento de "algoritmos com protagonismo social em projetos capazes de operar em favor do bem público" (Alvear; Neder; Santini, 2023, p. 42), considerando esse "o melhor caminho para garantir a soberania digital e avançar com empreendimentos econômicos solidários no Brasil" (Alvear; Neder; Santini, 2023, p. 42). Diante disso, buscam incentivar a criação de tecnologias que, desde o seu desenho (*by design*), considerem os princípios solidários.

São apresentadas sete diretrizes que deveriam orientar uma produção tecnológica orientada à economia solidária, sendo elas:

1. orientada pelos objetivos dos usuários;
2. administração coletiva;
3. moderação ativa;
4. flexibilidade;
5. transparência;
6. processo emancipatório;
7. avaliação da participação.

Assim, a proposta de uma Economia Solidária 2.0 é um dos exemplos de conceitos emergentes que brotam da economia solidária, com o objetivo de aproximá-la das discussões sobre a economia digital. Destaco a importância que a proposta atribui ao incentivo ao desenvolvimento de novas tecnologias, pensadas diferentemente desde a sua concepção, e não a tentativa de uma reapropriação das tecnologias existentes.

Um outro conceito semelhante que se apresenta como proposta para aproximar solidariedade e tecnologia é o que propõe Rafael Zanatta, em diálogo conosco e com o professor da UnB Ricardo Neder, com a noção de Plataformização Solidária[96] (2023). A partir da organização de um dossiê em conjunto, trazemos a reflexão de que a grande maioria das iniciativas emergentes no Brasil que se apresentam como alternativas às plataformas capitalistas não se identificam como uma cooperativa, seus trabalhadores não são formalmente seus proprietários (ou sócios) e não exercem grande influência nos processos de tomada de decisão.

> Analisando o cenário de novas plataformas de "estilo cooperativista" no Brasil – como Cataki, AppJusto e Señoritas Courier –, nota-se que a maioria dos empreendimentos não se constituem como cooperativa em sentido formal. Faz sentido então falarmos de um movimento de cooperativismo de plataforma sem novas cooperativas? Ou estamos diante de um fenômeno de "plataformização solidária", no qual valores de solidariedade, redistribuição, reconhecimento e democratização também estão em jogo? (Zanatta, 2023).

Desse modo, Zanatta entende que a principal característica dessas organizações diz mais respeito ao desenvolvimento de uma outra forma de plataformização, e menos de regimes de propriedade e gestão baseados no cooperativismo. Essa plataformização alternativa parte de outros valores, em especial o da solidariedade, com respeito a três elementos: conexão com a tradição da economia solidária, enfoque na plataformização e acoplamento à discussão sobre design. E isso pode ocorrer por meio de diversos arranjos organizacionais, para além da forma-cooperativa.

> Propomos o conceito de *Plataformização Solidária* a partir da constatação que parte significativa dessas experiências não se enquadra no modelo jurídico nacional de uma cooperativa e não poderiam ser enquadradas no "cooperativismo de plataforma" em termos formais. Além disso, apesar de

---

[96] Disponível em: https://periodicos.unb.br/index.php/cts/announcement/view/730. Acesso em: 13 dez. 2023

> usufruírem de significativa dose maior de papel na gestão e preocupação quanto a parâmetros de trabalho decente se comparadas às plataformas corporativas, raramente chegam a ser proprietários formais dessas organizações--plataformas. Em muitos casos, estamos diante de plataformizações solidárias que não implicam em compromisso com todos os princípios do cooperativismo e não implicam em formalizar arranjos de propriedade imaterial nos dedos dos trabalhadores digitais.[97] (Zanatta; Barcellos, 2023).

Além das duas proposições acadêmicas citadas, posso mencionar também a realização em maio no Equador do workshop "Cooperativismo solidário de plataformas"[98] – que também dialogou com a tradição da tecnologia social e da ES. E a política pública espanhola lançada em 2021, Match.Impulsa[99], que fala exatamente em uma "plataformização da economia solidária". Assim, apesar de ainda serem incipientes e com alcance restrito ao debate acadêmico, já existem esforços para a introdução das questões ligadas à plataformização da economia solidária.

É fundamental que tais proposições se proliferam e disseminem para que não se consolide a ideia de que esses modelos de organização do trabalho são incompatíveis com a economia digital. Pelo contrário, eles contribuem para demonstrar que esses princípios podem orientar tecnologias ainda mais avançadas e potencializar seus usos. Entretanto, por serem propostas ainda muito recentes, é difícil prever sua repercussão acadêmica e se se expandirão a ponto de inspirar e serem adotados explicitamente por projetos concretos. Apontei como um possível caminho de pesquisa futuro investigar como essas novas propostas de aproximação entre solidariedade e tecnologia poderiam servir a iniciativas do campo da economia solidária ligadas às artes.

3.2. Cooperativismo e arte

No capítulo 1, observamos que a grande maioria (aproximadamente 46%) das iniciativas mapeadas ao redor do mundo se define como cooperativa. Esse dado indica uma forte influência do modelo cooperativista

---

[97] Disponível em: https://www.researchgate.net/publication/375798874_Cooperativismo_de_plataforma_ou_plataformizacao_solidaria. Acesso em: 5 mar. 2024.

[98] Disponível em: http://ctslab.org/cooperativismo-solidario-de-plataformas/&sa=D&source=docs&ust=1709991013686026&usg=AOvVaw3h3K_0jMT2siWmr6twvfmn. Acesso em: 10 fev. 2024.

[99] Disponível em: https://www.google.com/url?q=https://matchimpulsa.barcelona/&sa=D&source=docs&ust=1709991013692284&usg=AOvVaw2AWbyonWR4k7J4ZEbTui9l. Acesso em: 10 mar. 2024.

de trabalho sobre a orientação desses projetos, revelando uma profunda adesão à sua proposta. Seja em sua versão tradicional ou em suas inúmeras vertentes (como o cooperativismo de plataforma), é um fato que seus princípios servem de base para a maior parte dos projetos que buscam criar formas alternativas de organizar o trabalho artístico.

O cooperativismo representa um movimento centenário, que abrange um amplo leque de segmentos, países e atividades. Por isso, abrange uma infinidade de questões que não poderiam ser aqui discutidas com profundidade. Mas destaquemos alguns pontos a respeito de sua história e princípios, pois, apesar de sua abrangência, acaba escapando à visibilidade e ao entendimento daqueles que não participam dele.

A história do cooperativismo nos conta que a primeira cooperativa, criada em 1844, foi em Rochdale, na Inglaterra, sob o nome de Rochdale Society of Equitable Pioneers[100] no segmento de consumo. Os princípios estabelecidos para seu funcionamento acabaram por servir de base para as cooperativas ao redor do mundo até os dias atuais conhecidos pelo nome de "Princípios de Rochdale", com pequenas modificações realizadas durante os congressos da Aliança Cooperativa Internacional (ACI ou, na sigla em inglês, ICA)[101].

São eles:

1. adesão voluntária e livre;
2. gestão democrática;
3. participação econômica dos membros;
4. autonomia e independência;
5. educação, formação e informação;
6. intercooperação;
7. interesse pela comunidade.

Mas afinal, o que é uma cooperativa? Apesar de não ser um conceito monolítico, duas características são essenciais para que uma organização seja entendida como uma cooperativa: a propriedade compartilhada e a gestão coletiva. Embora essas características apareçam em maior ou menor grau, espera-se que seus membros tenham alguma porcentagem de propriedade e participem em algum nível das decisões. Na definição da ACI:

---

[100] Disponível em: https://coonecta.me/principios-do-cooperativismo/. Acesso em: 18 nov. 2023.

[101] Disponível em: https://www.ica.coop/en. Acesso em: 18 nov. 2023.

> Uma cooperativa é uma associação autônoma de pessoas unidas voluntariamente para satisfazer as suas necessidades e aspirações económicas, sociais e culturais comuns através de uma empresa de propriedade conjunta e controlada democraticamente.[102] [103]

Seus dados econômicos também expressam o tamanho do seu impacto na economia mundial. As instituições do cooperativismo comumente citam com orgulho tais dados como argumento de sua relevância econômica e, de modo geral, apresentam uma tendência de constante crescimento. A ACI, por exemplo, destaca em seu site oficial os seguintes dados:

> Mais de 12% da humanidade faz parte de alguma das 3 milhões de cooperativas do mundo!
>
> As 300 maiores cooperativas e mútuas reportam um volume de negócios total de 2.146 mil milhões de dólares, de acordo com o World Cooperative Monitor (2020).
>
> As cooperativas contribuem para o crescimento económico sustentável e para o emprego estável e de qualidade, proporcionando empregos ou oportunidades de trabalho a 280 milhões de pessoas em todo o mundo, ou seja, 10% da população empregada mundial.[104]

É comum também encontrarmos relatórios com dados mais contextualizados de seu impacto, com recortes relacionados a, por exemplo: segmentos econômicos, índices econômicos e distribuição geográfica. No relatório "Exploring the cooperative economy"[105] publicado pela ACI em parceria com a European Research Institute on Cooperative and Social Enterprises (EURICSE), são analisadas as 300 maiores cooperativas do mundo considerando a receita bruta (*turnover*) e a receita (GDP) per capita.

É comum também encontrarmos relatórios com dados mais contextualizados de seu impacto, com recortes relacionados a, por exemplo, segmentos econômicos, índices econômicos e distribuição geográfica. No

---

[102] "A cooperative is an autonomous association of persons united voluntarily to meet their common economic, social and cultural needs and aspirations through a jointly-owned and democratically-controlled enterprise". Tradução nossa.

[103] Disponível em: https://www.ica.coop/en/cooperatives/cooperative-identity. Acesso em: 18 nov. 2023.

[104] "More than 12% of humanity is part of any of the 3 million cooperatives in the world! The largest 300 cooperatives and mutuals report a total turnover of 2,146 billion USD, according to the World Cooperative Monitor (2020). Cooperatives contribute to the sustainable economic growth and stable, quality employment, providing jobs or work opportunities to 280 million people across the globe, in other words, 10% of the world's employed population". Tradução nossa.

[105] Disponível em: https://monitor.coop/sites/default/files/2024-01/wcm_2023_2.pdf. Acesso em: 18 nov. 2023.

relatório "Exploring the Cooperative Economy", publicado pela ACI em parceria com a EURICSE, são analisadas as 300 maiores cooperativas do mundo, considerando a receita bruta (turnover) e a receita (GDP) per capita.

Considerando a receita bruta (*turnover*) e a receita (PIB) per capita, é comum encontrarmos relatórios com dados mais contextualizados sobre seu impacto, com recortes relacionados a segmentos econômicos, índices econômicos e distribuição geográfica. No relatório "Explorando a Economia Cooperativa", publicado pela ACI em parceria com a EURICSE, são analisadas as 300 maiores cooperativas do mundo, levando em conta a receita bruta (*turnover*) e a receita per capita (PIB).

O segmento das artes é sequer citado no relatório da ICA, nem mesmo como uma atividade dentro de um segmento maior. A princípio, o modelo cooperativista poderia se aplicar a qualquer segmento econômico, porque diz mais respeito ao seu modelo de propriedade e gestão do que aos produtos e serviços oferecidos. Porém, é natural que, por uma série de fatores (históricos, geográficos, sociais, etc.), haja uma aderência maior em determinados segmentos do que em outros. Fato é que, no cooperativismo mundial, incluindo o Brasil, o setor artístico representa uma área marginal do movimento. Isso se reflete na ausência de dados e estatísticas sobre o setor, o que dificulta análises mais abrangentes sobre seu alcance e impacto.

Dentre os esforços de pesquisa existentes sobre a relação entre cooperativismo e o setor da cultura/arte, destaco o projeto de pesquisa "Cultural Workers Organize"[106], composto por pesquisadores como Greig de Peuter, Marisol Sandoval e David Boyle, financiado pelo Social Sciences and Humanities Research Council of Canada. O coletivo publica uma série de relatórios com dados empíricos sobre a organização dos trabalhadores das indústrias culturais.

Dentre eles, posso citar o relatório "Sharing like we mean it"[107] (De Peuter *et al.*, 2021), uma das poucas pesquisas empíricas publicadas a respeito das condições concretas de trabalho em cooperativas no setor. A pesquisa foi realizada em 2019 e 2020 em cooperativas em indústrias criativas no Canadá, Reino Unido e Estados Unidos; cento e seis cooperativas responderam e doze membros de cooperativas de trabalhadores

---

[106] Disponível em: https://culturalworkersorganize.org/. Acesso em: 15 jul. 2022.

[107] Disponível em: https://culturalworkersorganize.org/wp-content/uploads/2021/01/Sharing-Like-We-Mean -It-Web.pdf. Acesso em: 15 jul. 2022.

foram entrevistados. Uma das descobertas centrais é que 90,8% de seus trabalhadores estão "extremamente" ou "um pouco" satisfeitos com suas condições gerais de trabalho. Além disso, 40,7% oferecem um nível salarial que "atende à média". Em relação às políticas e benefícios no local de trabalho, 87,2% deles têm políticas de "equidade na contratação", 79,2% declararam pagar "salário mínimo (ou superior)" e 76,5% têm "processos de resolução de conflitos/disputas". Esses dados fornecem evidências de que o modelo cooperativo de fato tende a criar melhores condições para os trabalhadores.

> Nossa pesquisa revela um cenário cooperativo pequeno, mas vibrante, nos setores cultural e tecnológico, desde galerias de arte administradas de forma cooperativa até agências de publicidade cooperativas, empresas de desenvolvimento web, escritórios de arquitetura, espaços de coworking, estúdios de cerâmica e serviços de aluguel de produção cinematográfica.[108] (De Peuter *et al.*, 2021, p. 7).

O modelo cooperativista, em comparação com outras propostas semelhantes, é o mais antigo, institucionalizado e formal. Sua longa história contribui para seu alcance e aderência atual, mas, também, tende a ser mais resistente a inovações. Sua institucionalização, sob um viés, serve de orientação e suporte para as iniciativas nascentes, mas sob outro, corre o risco de endurecer demais os requisitos para seu reconhecimento formal. Por fim, sua formalidade pode auxiliar novos projetos por já oferecer um esquema com definições principais do negócio, por outro lado, pode acabar limitando a criatividade por novos desenhos organizacionais.

Portanto, o modelo cooperativista tem como característica principal os princípios da propriedade compartilhada e da gestão coletiva. Por mais horizontais e preocupados com a equidade que outros modelos semelhantes possam ser, eles não necessariamente colocam tais princípios como fundamentais – algo que é feito no cooperativismo.

Para trazer um exemplo internacional de iniciativa alinhada ao cooperativismo fora do Brasil, posso citar a Groupmuse que é uma cooperativa – tanto formalmente, de acordo com as regulações do país em que está sediada, quanto expressamente em seus textos de apresentação. Eles

---

[108] "Our research reveals a small but vibrant co-operative landscape in the cultural and tech sectors, from co-operatively run art galleries to co-op advertising agencies, web development companies, architecture firms, coworking spaces, ceramic studios, and film production rental services". Tradução nossa.

também estão listados no diretório[109] de cooperativas de trabalhadores da U.S. Federation of Worker Cooperatives em conjunto com o Democracy at Work Institute. Entretanto, apesar de seu modelo ser o de uma plataforma digital, não se consideram como uma cooperativa de plataforma.

> *Definitivamente nos chamamos de cooperativa. Na verdade, não nos chamamos de cooperativa de plataforma, embora eu diria que há muitos valores embutidos no cooperativismo de plataforma que também defendemos e que são representados por nosso programa Musician Owners, que parece ser uma propriedade muito grande. turma de milhares de músicos que se apresentam no Groupmuses e também podem participar econômica e governamentalmente da organização. Mas esse programa ainda é muito jovem e, portanto, ainda não é tão grande. E então há basicamente os trabalhadores-proprietários e há um pequeno grupo de músicos-proprietários que se juntaram até agora. E então eu ainda não nos chamaria de cooperativa de plataforma, embora ache que adoraríamos ser. Definitivamente, somos uma cooperativa.[110] (Entrevista Groupmuse).*

Para eles, ao menos no contexto norte-americano, existe uma correlação entre o porte das organizações ligadas às artes e seu arranjo organizacional. Eles pontuam que as grandes organizações artísticas, como museus, sinfonias e orquestras, geralmente, são reconhecidas como organizações sem fins lucrativos (*non-profits*). Enquanto isso, apenas pequenas organizações e coletivos são formalmente cooperativas. Assim, em sua análise, grande parte das cooperativas artísticas dos EUA adota um estilo *bottom-up*, ao contrário do modelo *top-down* das instituições artísticas tradicionais.

Pelas limitações deste trabalho, seria impossível realizar uma análise da relação entre o cooperativismo mundial e as artes em todas as regiões do planeta. É seguro supor que a relevância das artes apresente gradações em contextos nacionais e regionais. Todavia, conforme argumentei com base em dados oficiais de instituições do cooperativismo, em termos globais, o segmento das artes é marginal na economia cooperativista.

---

[109] Disponível em: https://www.usworker.coop/directory/. Acesso em: 16 nov. 2023.

[110] "We definitely call ourselves a coop. We don't really call ourselves a platform co-op, although I would say that that's, there's a lot of values embedded in platform cooperativism that we also hold that are represented through our Musician Owners program, which seems to be a very large ownership class of like thousands of musicians who perform at Groupmuses and can also participate economically and governmentally in the organization. But that program is still pretty young, and so it's not that big yet. And so that so there's basically the worker owners and there's a small, small pool of musician owners that have joined so far. And so I wouldn't call ourselves a platform coop yet, although I think we'd love to be. We're definitely a co-op". Tradução nossa.

Depois de um panorama sobre o cenário internacional do cooperativismo e a apresentação de um caso do Norte Global, prossegui minha análise sobre cooperativismo e arte no território brasileiro. O cooperativismo no Brasil tem uma longa história e é muito maior do que se costuma imaginar. Sua chegada remonta ao século passado, com destaque para segmentos tradicionais, como os de consumo e agrícola. As características iniciais da época de seu ingresso no território nacional exercem influência na configuração de sua organização e expressividade até os dias atuais. Conforme afirma o sociólogo Paul Singer, um dos principais estudiosos brasileiros sobre o cooperativismo e a economia solidária:

> O cooperativismo chegou ao Brasil no começo do século xx, trazido pelos emigrantes europeus. Tomou principalmente a forma de cooperativas de consumo nas cidades e de cooperativas agrícolas no campo. (Singer, 2002, p. 122).

No âmbito do Direito nacional, as cooperativas são reconhecidas a partir da Constituição de 1988, que contém disposições constitucionais de estímulo ao cooperativismo e da não interferência estatal nelas. Elas são consideradas uma forma de societária particular, com personalidade jurídica de direito privado, tendo por característica a ausência de "finalidade lucrativa" (De Conto, 2015, p. 122). Apesar disso, Conto ressalta que as relações entre as cooperativas e o Estado passaram por distintas fases, transitando de um paradigma de controle estatal sobre elas para um modelo contemporâneo de fomento, garantindo sua liberdade de organização (De Conto, 2015).

Um dos trabalhos mais completos a respeito da história e institucionalidade do cooperativismo no Brasil é o relatório de Rafael Zanatta, desenvolvido durante seu fellowship no Institute for Cooperative Digital Economy (ICDE) intitulado "Cooperativismo de Plataforma no Brasil: Dualidades, Diálogos e Oportunidades" (2022). No trabalho, Zanatta destaca as características das cooperativas brasileiras:

> Historicamente, as características básicas do cooperativismo no Brasil são a propriedade cooperativa (associação entre pessoas, não de capital), gestão cooperativa (poder de decisão atribuído a uma assembleia de associados) e distribuição cooperativa (distribuição de sobras líquidas entre os associados, em vez de lucros e dividendos). (Zanatta, 2022, p. 18).

Ainda, resgata que seu formato institucionalizado e jurídico atual tem origens no período da ditadura militar, com a criação do sistema formado pela Organização das Cooperativas Brasileiras (OCB), o Serviço Nacional de Aprendizagem do Cooperativismo (SESCOOP) e a Confederação Nacional das Cooperativas (CNCOOP) (Zanatta, 2022). Assim, o cooperativismo brasileiro é profundamente institucionalizado, exigindo que, para seu reconhecimento formal como uma cooperativa, seu registro junto à OCB[111] seja realizado, o que demanda que todos os projetos que se intitulam como cooperativas no país tenham vínculos com as instituições de governança do cooperativismo brasileiro.

Devido a essa rígida regulação das cooperativas e às exigências para que sejam inseridas no Sistema OCB, projetos emergentes criados pelos trabalhadores enfrentam desafios para que sejam formalmente reconhecidos como cooperativas[112]. A burocracia em torno de sua formalização incentiva iniciativas inspiradas pelo movimento a se identificarem formalmente com outras categorias mais flexíveis juridicamente ou mesmo sem estatuto jurídico, como coletivos, movimentos, comunidades, ONGs, empreendimentos sociais e outros. De acordo com Zanatta (2022), isso resulta na criação de dois projetos distintos: aqueles que centralizam a justiça social e os trabalhadores, mas sem o reconhecimento como cooperativas; e as cooperativas propriamente ditas, que abrem mão da sua radicalidade em troca de um espaço no sistema de poder cooperativista.

Em suas palavras:

> Em suma, o cooperativismo no Brasil tem sido há muito um projeto de dois mundos distintos. De um lado, a utopia de formas autônomas de organização e economia solidária de forma não capitalista, mantendo uma relação mais próxima com a esquerda; de outro, o cooperativismo institucionalizado e conservador preocupado em fortalecer as famílias trabalhadoras e manter uma visão pragmática de sua relação com o poder. (Zanatta, 2022, p. 21).

Se essa realidade se apresenta no cooperativismo brasileiro em geral, considerando seus muitos segmentos, ela se escancara ainda mais

---

[111] Ver ZANATTA, 2022, p. 37.

[112] A esse respeito indicamos o estudo do caso das Señoritas Courier, que nasce como um coletivo de entregadoras LGBTQIA+ de São Paulo e somente recentemente conseguiu conquistar o status de cooperativa. Mai informações em: https://www.terra.com.br/visao-do-corre/cooperativa-de-entregadoras-lancara-plataforma-propria-em-sp,9c423f502020580c5e9d42daa2260af4wozb5d0a.html. Acesso em: 9 mar. 2024.

no setor artístico, que encontra ainda menos espaço entre as instituições. Por um lado, esse arranjo institucional é benéfico para esses projetos, pois são fontes de recursos variados capazes de apoiar iniciativas nascentes que ainda estão em busca de autossuficiência, como suporte financeiro, intelectual, tecnológico, entre outros. A receita do cooperativismo brasileiro tem crescido exponencialmente nos últimos anos e pretende chegar ao primeiro trilhão de reais no ano em ativo total[113]. O excedente produzido desse faturamento é comumente investido em projetos cooperativos emergentes, especialmente voltados para aqueles com viés social. As iniciativas do setor das artes, que como veremos adiante, enfrentam dificuldades de alcançar a sustentabilidade financeira, encontram nas grandes cooperativas o apoio necessário para serem criadas e prosperarem.

Um dos principais casos de cooperativas de arte com profunda conexão com o cooperativismo institucionalizado, que ilustra bem os argumentos anteriores, é o da Unijazz Brasil, um dos projetos entrevistados. Sua atuação é bem próxima do Sistema OCB/RJ[114], que é a união do Sindicato e Organização das Cooperativas do Estado do Rio de Janeiro com Serviço Nacional de Aprendizagem do Cooperativismo no Estado do Rio de Janeiro, e da cooperativa de comunicação Comunicoop[115]. Sua atuação em conjunto também aponta para as possibilidades de intercooperação, em que uma cooperativa pode suprir as necessidades da outra em prol de um objetivo comum.

Entretanto, é curioso notar que, quando perguntados sobre quais outras cooperativas de artes eram conhecidas por eles, a resposta foi que nenhuma. Essa resposta é bastante diferente daquela dada, por exemplo, por organizações norte-americanas, que em sua grande maioria soube citar outras experiências semelhantes. Tal fato aponta para uma desconexão entre os projetos brasileiros, que apesar de número expressivo, têm pouco contato entre si. Assim, possibilidades de intercooperação entre as próprias iniciativas (e não o sistema cooperativista) acabam por ficar inexploradas.

Por outro lado, a rigidez da governança e da regulação do cooperativismo tradicional limita as possibilidades de organização dos projetos artísticos. Isso pode ser fatal, justamente porque são as organizações que

---

[113] Disponível em: https://valor.globo.com/publicacoes/especiais/cooperativismo/noticia/2023/07/31/cooperativas-buscam-primeiro-r-1-tri-que-podera-chegar-antes-do-previsto.ghtml. Acesso em: 28 ago. 2023.

[114] Disponível em: https://rio.coop/. Acesso em: 31 maio 2023.

[115] Disponível em: https://comunicoop.com.br/home/. Acesso em: 31 maio 2023.

possibilitam (e mesmo demandam) uma liberdade criativa maior nas formas de se organizar. Desse modo, tal dependência institucional acaba sufocando a potência criativa dos artistas, que têm dificuldade de imaginar outras formas de se organizar, restringindo sua criatividade ao que é produzido dentro dos moldes organizacionais estabelecidos legalmente. Isso faz com que encontrem "enormes dificuldades de operacionalização de investimentos e modelos de negócios mais flexíveis dentro do rígido regime jurídico do cooperativismo" (Zanatta, 2022, p. 108).

Dentre os ramos do cooperativismo definidos pelo Anuário da OCB, o principal relatório com dados sobre o cooperativismo no Brasil, não existe um específico para a produção cultural ou economia criativa. Essas atividades são enquadradas no "Ramo Trabalho, Produção de Bens e Serviços". Dentro desse ramo, são encontrados 13 "Segmentos", dentre os quais figuram o de "Produção Artesanal" e "Cultura e Lazer", que representam, respectivamente, 5% e 3% do segmento. Curioso notar que o artesanato é expresso em um segmento próprio, reforçando meu argumento da relevância dessa atividade dentro do cooperativismo. Assim, a presença do segmento artístico no cooperativismo institucionalizado ainda é muito pouco expressiva, sendo massivamente ocupado por setores tradicionais como Agropecuário, de Crédito e de Transporte.

Desse modo, o contexto do cooperativismo nacional reflete boa parte das características destacadas no cenário internacional: profunda institucionalização, alta formalidade e baixa expressividade no setor artístico. Entretanto, vejo essa realidade menos como uma limitação e mais como uma oportunidade. É preciso que o papel estratégico das artes seja defendido frente às instituições do cooperativismo, destravando relações e compartilhamento de recursos para que se tornem uma realidade. Porém, se a atenção do cooperativismo para as artes ainda é baixa, para a tecnologia é cada vez maior, levantando uma série de discussões e iniciativas sobre os potenciais de sinergia entre cooperativismo e tecnologia. Uma das formas em que essa relação se materializa é no cooperativismo de plataforma, falo dele na próxima seção.

De um lado, temos toda uma nova economia emergente em torno das plataformas digitais, apresentado no capítulo 3. De outro, um movimento centenário que propõe a organização do trabalho com base na cooperação. E se uníssemos as duas coisas? Essa foi a proposta de um grupo de pesquisadores da *The New School – NY* em meados de 2015, especialmente

Trebor Scholz e Nathan Schneider. O projeto, chamado de cooperativismo de plataforma, propõe a criação de plataformas digitais que sejam de propriedade dos trabalhadores e geridas democraticamente. A ideia nasce da constatação de que o caráter verdadeiramente cooperativo da internet, a grande promessa em torno do seu advento, havia se perdido. Era preciso retomar a centralidade das pessoas (e do trabalho) na tecnologia, e isso poderia ser feito por meio de uma coalização entre os trabalhadores dos mais diversos segmentos da criação de novas infraestruturas baseadas na cooperação e não na competição capitalista (Scholz, 2017).

A Organização Internacional do Trabalho (OIT, 2021), que já reconheceu a relevância da proposta para a reflexão sobre formas mais justas de trabalho no século XXI, define-o como

> Uma tradição empresarial de plataforma que oferece uma alternativa ao atual modelo dominante de capitalismo de plataforma, sustentado pelos princípios de propriedade cooperativa, governança democrática e solidariedade. As empresas-plataforma cooperativistas podem ser de propriedade coletiva e governadas por trabalhadores, consumidores ou ambos, e podem operar com/sem apoio público. (International..., 2021, p. 6).

Desse modo, o cooperativismo de plataforma propõe a criação de plataformas digitais geridas pelos próprios trabalhadores, sem a intermediação por grandes corporações. Dessa forma, eles podem ter controle sobre todo o processo de produção, baseando-se em decisões democráticas e realizando uma distribuição mais igualitária dos lucros. Scholz (2017), em seu primeiro livro diretamente sobre o cooperativismo de plataforma, enumera dez princípios que seriam definidores das cooperativas de plataforma. Esses princípios não pretendem definir uma essência imutável do que pode ser considerado cooperativo, mas servem como parâmetros para a análise de experiências concretas que se designam dessa maneira.

1. Propriedade coletiva;
2. pagamentos decentes e seguridade de renda;
3. transparência e portabilidade de dados;
4. apreciação e reconhecimento;
5. trabalho codeterminado;
6. moldura jurídica protetora;

7. proteções trabalhistas portáveis e benefícios;
8. proteção contra comportamento arbitrário;
9. rejeição de vigilância do ambiente de trabalho;
10. o direito de se desconectar.

Como podemos ver, tais princípios conservam a base dos tradicionais do cooperativismo, mas se diferenciam ao levar em consideração as novas questões trazidas pela tecnologia. Especialmente no começo do movimento, as primeiras cooperativas de plataforma se espelhavam diretamente nas plataformas dominantes em um dado setor, buscando recriá-las com a diferença de se basearem em modelos de governança inspirados nos princípios cooperativistas. Assim, houve iniciativas para criar um "Spotify cooperativo" (Resonate Coop), uma "Netflix cooperativa" (Means TV) e uma "Uber cooperativa" (The Drivers cooperative). Portanto, apesar de nascer como uma proposta acadêmica, logo passaram a surgir iniciativas concretas que apontavam suas possibilidades concretas.

> O cooperativismo de plataforma é um termo que descreve mudanças tecnológicas, culturais, políticas e sociais. O cooperativismo de plataforma é um horizonte da esperança. Não é uma utopia concreta; é uma economia emergente. Alguns modelos que irei descrever agora já existem há dois ou três anos, enquanto outros ainda são aplicativos imaginários. Alguns são protótipos, outros são experimentos; e todos introduzem um conjunto alternativo de valores. (Scholz, 2017, p. 63).

A figura abaixo, bastante utilizada em apresentações introdutórias sobre o cooperativismo de plataforma, ilustra como o movimento nasce como a tentativa de se colocar em contraste direto com as plataformas capitalistas ou o "modelo do Vale do Silício", outra expressão comum.

Então, é criado por Scholz na The New School o Platform Cooperativism Consortium (PCC), para ser um "hub que inicia, cresce e converte cooperativas de plataforma". A organização promove pesquisas, eventos, cursos e recursos para a disseminação e o fortalecimento do movimento. Dentre suas iniciativas, podemos destacar o diretório que reúne informações de mais de quinhentas cooperativas de plataforma ao redor do mundo (vide figura abaixo). Também destaco o Institute for the Cooperative Digital Economy (ICDE)[116], seu braço de pesquisa que recebe

---

[116] Disponível em: https://platform.coop/about/icde/. Acesso em: 19 nov. 2023.

anualmente fellows para uma pesquisa de um ano sobre temas ligados à economia digital, do qual tive a oportunidade de fazer parte e contribuiu significativamente para o desenvolvimento deste trabalho. Por fim, suas conferências anuais, que reúnem centenas de pessoas para debater o tema e, com a recente diversificação de seus países sede, contribui também para a disseminação internacional da proposta.

Figura 3 – Mapa das cooperativas de plataforma no diretório do PCC

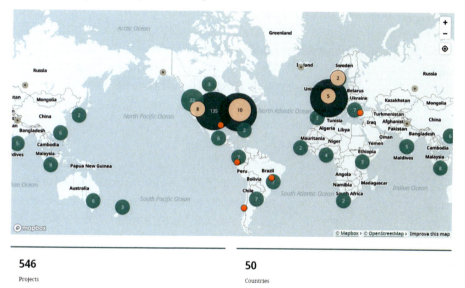

Fonte: Platform Cooperativism Consortium (PCC) – 19/12/2023

O movimento do cooperativismo de plataforma está mais forte do que nunca. Cada vez mais, sua proposta está se afastando de um conceito radical discutido nas universidades de Nova Iorque para um modelo que inspira projetos concretos ao redor do mundo. Este começou como um exercício conceitual de conectar a tradição da economia cooperativa com as novas tecnologias, buscando explorar o melhor dos dois mundos. Mas, agora é um ecossistema diversificado de pesquisadores, empreendedores, desenvolvedores, designers e trabalhadores em geral que estão engajados em uma verdadeira transformação da economia digital.

O cooperativismo de plataforma é discutido no Brasil desde 2016, quando o principal livro de Trebor foi traduzido para o português pelo pesquisador e ativista Rafael Zanatta com apoio da Fundação Rosa Luxemburgo, Editora Elefante e Autonomia Literária. No entanto, foi a partir de 2020 que observei um momento especialmente profícuo para o tema no Brasil. Uma série de iniciativas, algumas coordenadas e outras simultâneas, contribuíram para colocar o assunto no centro do debate acadêmico e público.

Uma lista delas certamente deixará importantes acontecimentos de fora. Porém, não posso deixar de destacar algumas delas. A primeira é o início de projeto sobre o tema pelo Instituto de Tecnologia e Sociedade (ITS Rio)[117], que ao longo de um ano: 1) Realizou a tradução e publicação do relatório "Cooperativismo de Plataforma no Brasil: Dualidades, Diálogos e Oportunidades"[118], de Rafael Zanatta; 2) Promoveu o curso online gratuito "Cooperativismo de plataforma: novos modelos para o futuro da economia"[119]; e 3) Co-organizou a 7ª edição da Conferência Internacional de Cooperativismo de Plataforma[120], trazendo pela primeira vez para o Sul Global o evento anual do PCC.

O Observatório do Cooperativismo de Plataforma[121], criado em 2021 pelo laboratório de pesquisa DigiLabour, contribui significativamente para a disseminação da proposta. Entre suas iniciativas, destaco a criação do Mapa de Cooperativas de Comunicadores[122], a produção de uma série de vídeos animados publicados no site e no canal do Youtube[123], e a realização do seminário "Plataforma Cooperativas e Políticas Públicas"[124] em junho de 2022, na sede da Universidade do Vale do Rio dos Sinos (Unisinos) em Porto Alegre.

A partir das discussões do seminário, foi elaborado um manifesto assinado por muitos acadêmicos, profissionais e ativistas. O documento propõe 23 princípios para a construção de políticas públicas de fomento

---

[117] Disponível em: https://itsrio.org/pt/home/. Acesso em: 19 nov. 2023.

[118] Disponível em: https://itsrio.org/pt/publicacoes/cooperativismo-de-plataforma-no-brasil-dualidades-dialogos-e-oportunidades/. Acesso em: 19 nov. 2023.

[119] Disponível em: https://itsrio.org/pt/cursos/curso-online-cooperativismo-de-plataforma-novos-modelos--para-o-futuro-da-economia/. Acesso em: 19 nov. 2023.

[120] Disponível em: https://platform.coop/events/owning-the-future-sustainably-scaling-cooperatives-in-the--digital-economy/. Acesso em: 19 nov. 2023.

[121] Disponível em: https://cooperativismodeplataforma.com.br/. Acesso em: 19 nov. 2023.

[122] Disponível em: https://cooperativismodeplataforma.com.br/mapa/. Acesso em: 19 nov. 2023.

[123] Disponível em: https://cooperativismodeplataforma.com.br/videos/. Acesso em: 19 nov. 2023.

[124] Disponível em: https://digilabour.com.br/seminario-presencial-cooperativismo-de-plataforma-e-politicas-publicas/. Acesso em: 19 nov. 2023.

às cooperativas de plataforma. Entre elas, posso destacar: a) Política de regulação do trabalho plataformizado; b) Política de articulação entre redes comunitárias e cooperativas de plataforma; e c) Política de desenvolvimento de tecnologias livres. Mesmo que concebido para atender aos desafios brasileiros, pode inspirar políticas em outros contextos.

E como é a presença das cooperativas de plataforma no setor artístico? Conforme vimos na cartografia das iniciativas, identifiquei 14 iniciativas ligadas ao cooperativismo de plataforma e o trabalho artístico. Em números relativos, se divididas pelo total de projetos listados no diretório do PCC (quinhentos e quarenta e seis), elas representam cerca de 2,5%. Desse modo, dentro do universo formal e institucionalizado do cooperativismo de plataforma, em especial a rede ligada ao PCC, as cooperativas artísticas também apresentam baixa expressividade. Diferentemente do cooperativismo tradicional que tem maiores concentrações em setores como o agro, o financeiro e o de consumo; no de plataforma, o protagonismo é de iniciativas ligadas ao delivery, o transporte e a tecnologia.

> Mas as empresas e plataformas de propriedade cooperativa não são particularmente comuns no ecossistema criativo – e certamente não num tipo de escala que permita aos seus membros artistas resistirem aos gigantes da tecnologia e dos conteúdos.[125] (Giblin; Doctorow, 2022, p. 229).

Todavia, encontrei uma abertura maior para o trabalho artístico dentro do cooperativismo de plataforma do que no cooperativismo tradicional. A despeito das limitações que serão discutidas adiante, existe um diálogo maior com o setor artístico. Não por um acaso, a grande maioria (senão todas) as conferências do PCC possuem apresentações artísticas em momentos centrais de sua programação. Na edição realizada no Brasil (2022), por exemplo, houve apresentações da cooperativa Unijazz Brasil, do coletivo de rap Slam Laje e uma roda de samba[126]. Entretanto, é possível fazer a ressalva de que, apesar dessa presença das artes na programação, ela geralmente aparece nos intervalos das discussões teóricas de forma decorativa, e não com centralidade nos debates a respeito da economia digital cooperativa.

---

[125] "But cooperatively owned firms and platforms are not particularly common in the creative ecosystem—and certainly not at the kind of scale that might allow their artist members to hold their own against the tech and content giants". Tradução nossa.

[126] Disponível em: https://platform.coop/events/owning-the-future-sustainably-scaling-cooperatives-in-the-digital-economy/. Acesso em: 9 mar. 2024.

Claramente, o cooperativismo de plataforma não pode ser considerado a panaceia para todos os problemas do trabalho na economia digital. Uma das críticas mais comuns ao projeto do cooperativismo é que, em dado momento de seu desenvolvimento, ele pode se distanciar de seus princípios originais. Evidentemente, este é um dos principais riscos que se corre ao tentar criar um microambiente cooperativo dentro de um macroambiente capitalista. Todavia, Scholz responde da seguinte maneira a essa crítica:

> Uma objeção comum às cooperativas é que elas são tão suscetíveis às pressões do mercado quanto qualquer empreendimento capitalista, o que torna a autoexploração inevitável. Eventualmente, cooperativas também podem resultar em artimanhas de estágios não pagos e trabalho voluntário não compensado. Cooperativas estão expostas à competição sem dó do mercado, mas, à luz do lucro de 20% a 30% que empresas como Uber estão ganhando, uma abordagem seria as cooperativas de plataforma oferecerem seus serviços por preços mais baixos. Elas poderiam ter 10% de lucro, o que depois seria parcialmente traduzido como benefícios sociais para os trabalhadores. Cooperativas também poderiam florescer em mercados de nicho, focalizando clientes de baixa renda como público-alvo. (Scholz, 2017, p. 58).

Uma outra crítica bastante comum à proposta do cooperativismo de plataforma é que ela jamais conseguirá ser "grande o suficiente" para oferecer concorrência às grandes plataformas corporativas. Esse diagnóstico é reforçado especialmente pelos já citados "efeitos de rede" das plataformas, que contribuem para a criação de monopólios que sufocam qualquer novo entrante do mercado. Entretanto, "as experiências autogestionadas não vão ter a mesma escala de trabalhadores que as grandes plataformas, e este não é um problema, mas uma característica" (Grohmann, 2023, p. 466). Essa crítica não se sustenta especialmente se essas experiências são entendidas, como proponho aqui, como políticas prefigurativas que não buscam substituir o modelo atual, mas fomentar a imaginação por outros possíveis.

Outros autores também se dedicaram a identificar os limites das cooperativas, como Grohmann (2018) e Sandoval (2019). De acordo com o primeiro, ao observar empiricamente as plataformas, nota-se que elas não são homogêneas, baseadas em uma essência de princípios que as definiram. Ao contrário, são marcadas por gradações entre modelos radicais de cooperação e adaptações que se assemelham mais a pequenas empresas. Além disso, identifica-se que uma parte delas apresenta em seus enunciados um foco maior no aspecto democrático do que em seu viés igualitário, enfatizando mais a participação de diversos atores em suas decisões, mas pouco na distribuição equitativa dos lucros. Em seus termos:

> Podemos observar como os discursos acerca do trabalho em cooperativas são modalizados, inclusive nas áreas de cultura e comunicação, desde um projeto cooperativo-empreendedor, mais próximo ao de uma startup, até outros que tenham por base um projeto político de transformação social. (Grohmann, 2018, p. 23).

Numa linha semelhante, Sandoval (2019) situa as cooperativas digitais na ambivalência entre a subversão e a cooptação. Para a autora, o principal fator que coloca em risco sua proposta subversiva é o do poder corrosivo da competição capitalista. Ou seja, é possível que as cooperativas sintam a necessidade de incorporar a maximização dos lucros para que garantir sua sobrevivência frente às empresas capitalistas. Ou ainda, ao aceitar investimentos externos, sejam iniciais ou ao longo de sua expansão, acabam por ter de se comprometer com os retornos aos investidores, e não propriamente com os princípios cooperativistas.

> Ao contribuir para a construção de estruturas econômicas alternativas baseadas em solidariedade, cooperação e propriedade coletiva, as cooperativas e trabalhadores podem também desempenhar um papel de transformar as condições de trabalho no setor cultural. Contudo, como todo projeto prefigurativo, as cooperativas de trabalhadores não podem escapar totalmente das pressões do sistema existente. Os projetos alternativos no setor cultural necessitam navegar por tensões complexas e potenciais conflitos entre processos criativos, necessidade econômica e aspirações políticas. (Sandoval, 2017, p. 120).

Portanto, o cooperativismo de plataforma pode ser considerado uma das alternativas que, somadas a outras, como a regulação das empresas do capitalismo de plataforma e a criação de plataformas públicas, pode melhorar a vida dos trabalhadores. Apesar de seus limites e contradições, o projeto exercita o imaginário para uma reapropriação das plataformas pelos trabalhadores na construção de uma realidade do trabalho mais democrática e justa. No setor das artes, apesar da sua atual baixa expressividade e impacto, a proposta constitui um potencial para que artistas desenvolvam suas próprias plataformas e possam tentar escapar da dependência dos *streamings*.

O projeto do cooperativismo de plataforma, em especial aquele representado pelo PCC, quando situado no contexto brasileiro vem sofrendo uma série de críticas e motivando atores a proporem outros conceitos que buscam superar suas limitações. A crítica principal é que, sendo um movimento criado no Norte Global, mais especificamente num dos maiores centros de poder do mundo que é a cidade de Nova Iorque, não leva em consideração as idiossincrasias do Brasil e do Sul Global. A simples importação do conceito para o solo brasileiro não é possível (e talvez nem desejável) porque, conforme apontei anteriormente, o ecossistema cooperativista ainda é muito fechado para tais iniciativas emergentes. Diante disso, alguns autores estão buscando contornar esse impasse tirando o foco do termo "cooperativas" e centralizando o termo "plataformas", acompanhadas de outras adjetivações.

> [...] este é o processo em andamento e emergente, podendo ser o início de um processo mais amplo de reinvenções de circuitos econômicos locais de produção e consumo envolvendo plataformas digitais para o bem comum. (Grohmann, 2023, p. 449).

O contexto brasileiro apresenta uma efervescência de tecnologias de propriedade dos trabalhadores e geridas coletivamente. O que se delineia parte da constatação que aquilo que comumente se cita como experiências de cooperativas de plataforma do Brasil não são, propriamente, nem "cooperativas", nem "plataformas". Por conta das limitações regulatórias já citadas do cooperativismo brasileiro, iniciativas como a do Senoritas Courier[127], do AppJusto[128] e do Contrate quem luta[129] não são formalmente cooperativas, apesar de seu interesse e proximidade com o conceito. Desse modo, temos, de um lado, a emergência dessas iniciativas e, de outro, a incapacidade do conceito de cooperativismo de plataforma de dar conta delas.

> A construção dessas solidariedades emergentes não se dá apenas em greves, associações ou sindicatos, mas nas possibilidades de criação de plataformas de propriedade dos trabalhadores em distintos desenhos institucionais

---

[127] Disponível em: https://www.instagram.com/senoritas_courier/. Acesso em: 19 nov. 2023.

[128] Disponível em: https://appjusto.com.br/. Acesso em: 19 nov. 2023.

[129] Disponível em: https://contratequemluta.com/. Acesso em: 19 nov. 2023.

e principalmente a partir do que ficou conhecido como cooperativismo de plataforma. (Grohmann, 2023, p. 448).

A partir do reconhecimento dessas limitações, Grohmann (2021, 2022) propõe a noção de "plataformas de propriedade dos trabalhadores" (2023). Ao retirar da proposta a noção de "cooperativas", apresenta mais fidelidade ao que a realidade concreta apresenta, especialmente no cenário nacional. Colocar o foco no termo "plataformas", amplia o escopo e se coloca como uma lente útil para analisar a emergência de plataformas digitais que não necessariamente se organizam como cooperativas, mas que apresentam a centralidade dos trabalhadores em seus mecanismos de propriedade e governança.

Em 2023, dá um passo ainda além e passa a falar em "tecnologias de propriedade de trabalhadores", ampliando a noção anterior focada apenas em "plataformas". Com isso, busca nomear esse fenômeno da emergência de "tecnologias de baixo" que não são "nem apenas plataformas, nem cooperativas" (Grohmann, 2023).

O conceito de plataformas ou tecnologias de propriedade dos trabalhadores é de formulação recente e que ainda demanda tempo para uma avaliação de suas potências e limitações. Porém, já vem se disseminando por publicações e espaços acadêmicos internacionais, apresentando uma alternativa interessante para os limites enfrentados pela proposta do cooperativismo de plataforma.

Neste capítulo, analiso alguns dos conceitos, princípios e valores que orientam as experiências alternativas de governança do trabalho artístico – suas "musas inspiradoras". Como pudemos ver, existem duas grandes correntes de tradição institucional que costumam orientá-las: o cooperativismo e a economia solidária. Realizo um panorama sobre ambos os movimentos, apresentando elementos sobre sua história, princípios e atores. E analiso como esses elementos se refletem nas iniciativas concretas estudadas, desde a sua forma de apresentação até seu agir prático.

Em minha visão, a potência desses movimentos no impulsionamento das alternativas no campo das artes apresenta uma ambiguidade. Por um lado, a forte institucionalidade do cooperativismo e sua riqueza de recursos podem ser grandes aliados para essas experiências, que, principalmente em seu início, precisam de investimento. Por outro lado, o movimento da economia solidária apresenta maior flexibilidade organizacional e conexão com as lutas sociais, o que tende a atrair maior aderência do público artista. Desta maneira, os projetos emergentes terão de considerar os prós e contras da adesão a quaisquer desses movimentos, ou mesmo uma tentativa de conciliar ambos. Mas independentemente da escolha, considero fundamental que tais iniciativas não busquem "reinventar a roda", e criem sinergia com os movimentos existentes para aproveitar todo o seu legado, conhecimento e recursos.

Dentro desses dois grandes movimentos, indico algumas novas proposições que buscam atualizar suas premissas para os desafios impostos pelas novas tecnologias, em especial o fenômeno da plataformização. Concordo com Zanatta (2022) que a questão da tecnologia pode ser um forte fator de reaproximação desses movimentos, historicamente apartados em sua dimensão institucional por divergências no campo político. Reconheço que essa diversidade de proposições teóricas traz riqueza para o debate sobre como nomear tais experiências, cada uma buscando superar algumas limitações das outras (e criando suas próprias) e colocando enfoque em uma questão (e consequentemente desfocando de outras). Mas que, estrategicamente em oportunidades específicas, parece ser mais efetiva a adesão política a conceitos já mais consolidados, como o cooperativismo de plataforma, do que preservar um purismo conceitual que não gera clareza para o público em geral das nossas proposições.

Abaixo, elaborei um esquema para resumir os conceitos apresentados que buscam conectar os conceitos de cooperação, solidariedade e tecnologia:

Quadro 5 – Quadro explicativo dos conceitos emergentes que discutem cooperativismo, solidariedade e tecnologia

Conceito	Autoria	Ano	Descrição
Cooperativismo de plataforma	Trebor Scholz	2016	União do modelo cooperativo de trabalho com o modelo de negócio das plataformas digitais.
Plataformas de propriedade dos trabalhadores	Rafael Grohmann	2023	A partir das limitações do termo "cooperativismo" e observando experiências especialmente do Sul Global, muda o foco para a dimensão da propriedade.

Conceito	Autoria	Ano	Descrição
Economia Solidária 2.0	Celso Alvear, Ricardo Neder e Daniel Santini	2023	Resgata a tradição da economia solidária no Brasil para propor a criação de tecnologias baseadas em seus princípios.
Plataformização solidária	Rafael Zanatta	2023	Ao observar que boa parte das experiências não são nem cooperativas nem de propriedade formal dos trabalhadores, argumenta estar havendo uma plataformização a partir dos princípios da solidariedade.

Fonte: o autor

Com relação ao recorte, reforço que esses movimentos estão ainda muito desconectados do campo da arte, não reconhecendo sua importância na recriação das formas de organizar o trabalho. É preciso que esses movimentos, especialmente em sua dimensão institucionalizada, deixem de ver a arte como acessória e decorativa, e consigam enxergar seu papel estratégico na reconstrução da economia. As experiências aqui mencionadas demonstram que "tal transformação, ao menos em uma escala pequena, é imaginável e realizável"[30] (Monticelli, 2022, p. 1). Ao se reunirem para suprirem suas próprias necessidades, artistas apontam para a sociedade possibilidades virtuais de organização que nos escapam por falta de imaginação radical que nos permita vislumbrar formas alternativas de trabalhar. Talvez, ao construir e investir nessas comunidades a partir da ótica da arte e estabelecermos conexões entre elas, estaremos construindo uma nova economia.

Como os conceitos, valores e princípios comentados neste capítulo se refletem nas formas concretas de organização das iniciativas? No próximo capítulo, discuto mais profundamente os modelos de governança dos projetos estudados, com destaque para três dimensões: processos de tomada de decisão, formas de financiamento e infraestruturas tecnológicas. A partir dos dados empíricos obtidos, elaborei um esquema (framework) que ilustra os modos de governança adotados por essas organizações e aponta para outras possibilidades que podem ser exploradas. Navegarei

---

[30] "such a transformation, at least on a small scale, is imaginable and realizable". Tradução nossa.

mais profundamente em como a arte pode se organizar, e como se organizar é uma arte que deve ser cultivada pelos empreendimentos cooperativos e solidários.

4

A ARTE DA ORGANIZAÇÃO, A ORGANIZAÇÃO DA ARTE

> *No passado, a ideia de um artista com um plano de negócios no qual ele acreditava seria ridícula, agora é inevitável.*[131]
>
> (Angela McRobbie)

E se pensássemos nos modelos de governança das nossas organizações como obras de arte, baseadas na cooperação e na solidariedade? O principal achado da nossa pesquisa foi identificar que existia um pensamento comum nas experiências alternativas de governança do trabalho artístico: elas buscam pensar suas formas de organização da mesma como criam suas obras artísticas. Para organizar a produção de arte, elas desenvolvem uma arte da organização. Isso quer dizer, especialmente, que elas procuram colocar a mesma radicalidade e criatividade em seus modelos de governança que em suas pinturas, músicas e artesanatos. Existe uma recursividade entre a *organização da arte* e a *arte da organização*, explicitada por essas experiências: "A criação de cultura e a organização política andam de mãos dadas"[132] (Entrevista – Art.coop).

A demanda de que artistas se ocupem do trabalho organizacional não foi criada por esse movimento. Como vimos, uma das principais exigências do capitalismo contemporâneo é que os artistas sejam também empreendedores, pensem suas carreiras como negócios, suas obras como produtos e seus shows como serviços. O tempo de ócio criativo é cada vez mais raro, porque são constantemente demandados por tarefas de gestão. Ter uma obra de arte de sucesso já não é suficiente para ser artista, é preciso ter também um plano de negócios rentável e sustentável para prosperar no mercado artístico. Conforme Menger (2011), essa característica do artista-empreendedor é observada num olhar sócio-histórica:

---

[31] "In the past the idea of an artist with a business plan in which he or she believed would be ridiculous, now t is unremarkable". Tradução nossa.

[32] "Culture-making and political organizing go hand-in-hand". Tradução nossa.

> Vários estudos, principalmente numa perspectiva sócio-histórica, equipararam o grande artista a uma espécie de empreendedor inovador que concebe não apenas inovações estilísticas, mas também novas formas organizacionais de trabalhar e distribuir o seu trabalho.[133] (Menger, 2011, p. 249).

Todavia, o que as experiências aqui estudadas buscam fazer é ressignificar essa demanda. Se os artistas precisam pensar em processos de decisão, formas de financiamento e infraestruturas tecnológicas, ao menos eles possam ter a mesma liberdade criativa que têm quando exercem sua expressão artística. E que essa expressão seja direcionada não à sua autoexploração, mas sim à criação de modelos de governança baseados na cooperação e na solidariedade que criem condições mais justas e democráticas para si e seus pares.

Os artistas cooperativos e solidários aceitam o desafio de criar as plataformas (no sentido amplo) que viabilizam seu trabalho, mas exigem que isso seja feito à sua maneira. Eles são um dos públicos mais capazes de reinventar nossos modelos organizacionais, pois "serão necessárias ideias criativas para ajudar a *'disruptar'* os *'disruptores'* e introduzir formas mais justas, mais responsáveis e mais justas de governação de plataformas"[134] (Gorwa, 2019, p. 12).

Para ilustrar o quão enraizado é esse pensamento nessas iniciativas, destaco as citações de duas entrevistas realizadas. Observemos a semelhança de perspectiva sobre a relação entre arte e negócios por duas organizações distintas com orientações conceituais diferentes (uma mais alinhada à economia solidária e outra ao cooperativismo). É interessante também notar como a iniciativa mais ligada à economia solidária destaca a necessidade de que a arte e os negócios sejam "radicais", enquanto a mais relacionada ao cooperativismo ressalta a "criatividade". Isso reforça os argumentos apresentados no capítulo anterior de que a economia solidária possui um engajamento político mais explícito e enraizado.

---

[133] "Several studies, mainly in a socio-historical perspective, have equated the great artist with a kind of innovative entrepreneur designing not only stylistic innovations but also new organizational ways of working and distributing his or her work". Tradução nossa.

[134] "Creative ideas will be needed to help 'disrupt' the 'disruptors' and introduce fairer, more accountable, and more just forms of platform governance". Tradução nossa.

> *Nós precisamos fazer nossos negócios e nossas organizações sem fins lucrativos tão radicais quanto as ideias nas nossas obras de arte.*[135] (Entrevista – Art.coop).
>
> O veículo organizacional para o trabalho criativo pode ser tão artístico quanto o conteúdo e deve estar tão alinhado quanto possível com ele. *Vejo o papel dos negócios ao serviço da arte, em vez da arte ao serviço dos negócios.*[136] (Entrevista – Cosmos Cooperative).

Conforme podemos ver em suas palavras, existe uma inversão da lógica usual dos negócios. Ao invés da orientação da produção artística ser orientada para a maximização dos lucros de poucos, por meio do já discutido "controle criativo" (Siciliano, 2021), busca-se que as organizações sejam "veículos" em função da fruição estética. Se, como vimos, a produção artística demanda que existam "mundos da arte" (Becker, 2010), que esses mundos sejam criados *por e para a arte*, e não a arte seja convocada para decorar mundos já existentes. Como aponta Florida (2011), eles precisam cultivar um ambiente organizacional que favoreça o florescimento de sua criatividade:

> O que todas estas pessoas têm em comum é a necessidade de organizações e ambientes que lhes permitam ser criativos – que valorizem a sua contribuição, os desafiem, tenham mecanismos para mobilizar recursos em torno de ideias e que sejam receptivos tanto a pequenas mudanças como a mudanças ocasionais. jogador desafiante.[137] (Florida, 2011, p. 26).

É claro que essa não é uma tarefa fácil. Organizar-se é arte, lidar com os problemas faz parte. Ter por princípio a cooperação ao invés da competição não as exime de enfrentarem os desafios que toda empresa possui – tomar decisões boas, maximizar receitas, reduzir custos, manter-se atualizada tecnologicamente, entre muitos outros. É provável até mesmo que elas encontrem ainda mais desafios, porque ainda acumulam a pretensão de garantir representatividade coletiva nas decisões e oferecer melhores condições para seus trabalhadores. Como desabafa a fundadora

---

[135] "We need to make our businesses and our nonprofits as radical as the ideas in our artworks". Tradução nossa.

[136] "The organizational vehicle for creative work could be as artistic as the content and should be aligned with it as possible. I see the role of business to serve art, rather than art serving business". Tradução nossa.

[137] "What all of these people have in common is a need for organizations and environments that will allow them to be creative—that value their input, challenge them, have mechanisms for mobilizing resources around ideas, and that are receptive to both small changes and the occasional game changer". Tradução nossa.

da Art.coop: *"Estamos tentando renovar nosso espírito humano pessoal através da forma como construímos nossas organizações. E isso é confuso. Há conflito, há abuso"*[138] (Entrevista Art.coop). Valores compartilhados não extinguem conflitos, afinal, ainda estou falando de seres humanos com seus diferentes interesses, pressupostos e experiências. Maximizar os lucros individuais é mais fácil que reconstruir a sociedade.

Como desabafa a fundadora da Art.coop: "Estamos tentando renovar nosso espírito humano pessoal através da forma como construímos nossas organizações. E isso é confuso. Há conflito, há abuso" (Entrevista Art.coop). Valores compartilhados não extinguem conflitos; afinal, ainda estou falando de seres humanos com seus diferentes interesses, pressupostos e experiências. Maximizar os lucros individuais é mais fácil do que reconstruir a sociedade.

Neste capítulo analiso os modelos de governança das experiências alternativas de trabalho artístico. Para os fins deste trabalho, limitei minha análise à observação e análise dos modelos de governança encontrados nas iniciativas aqui estudadas, deixando para trabalhos futuros uma discussão mais abrangente sobre a governança de plataformas alternativas. Ao mergulhar em suas formas de organização, a partir dos dados obtidos na fase empírica por meio de pesquisa documental e entrevistas, temos por objetivo ampliar a visibilidade e entendimento de como essas iniciativas funcionam e se sustentam, oferecendo exemplos práticos de como os princípios do cooperativismo e da economia solidária podem se materializar em modelos de governança. Dos modelos de governança, focalizarei em três dimensões que representam cada uma um subcapítulo: seus processos de tomada de decisão, suas formas de financiamento e suas infraestruturas tecnológicas. Meu propósito final é iluminar nossa "imaginação radical" (Khasnabish; Haven, 2014) por meio de formas alternativas de organizar o trabalho, não apenas o artístico, mas potencialmente em geral.

4.1. Governança de plataformas alternativas

Conforme venho argumentando ao longo de todo o trabalho, as experiências estudadas são "alternativas" não apenas por serem tecnologicamente diferentes. Em minha perspectiva, elas buscam criar todo um modelo de governança distinto daquele das empresas-plataforma. Por

---

[138] "We're trying to renew our personal human spirit through the way that we build our organizations. And that's messy. There's conflict, there's abuse". Tradução nossa.

mais heterogêneas que sejam as experiências, nota-se na maioria delas duas diferenças essenciais que as distinguem do modelo do capitalismo de plataforma: seus regimes de propriedade e modelos de governança. Nas plataformas capitalistas, impera a propriedade privada e a concentração das decisões. Nos empreendimentos cooperativos e solidários, privilegia-se a propriedade compartilhada (*shared ownership*) e a governança democrática (*democratic governance*). Em maior ou menor grau, formalmente ou informalmente, com base nesses conceitos ou correlatos; todas as iniciativas almejam que todos os seus membros sejam donos e participem das decisões.

Como observa Gehl (2022), os estudos sobre governança das plataformas têm se concentrado especialmente em plataformas corporativas (Facebook, Instagram, Twitter, YouTube, etc.). Além disso, observo que, geralmente, quando se fala em governança e regulação das plataformas, refere-se a plataformas de mídias sociais, deixando todo um leque de plataformas de outros segmentos fora de discussão. Essa concentração das investigações do campo em um modelo específico de governança (privado e concentrado) nos coloca o risco de pressupor que essa é a única forma possível de governar as plataformas. No máximo, conseguimos nos "adaptar ou negociar" (Poell; Nieborg; Duffy, 2022) para que se aproximem um pouco mais dos interesses do bem comum. Assim, uni-me ao esforço de Gehl (2022) de analisar modelos de governança de plataformas alternativas, buscando compreender como são diferentes aquelas que se colocam como distintas.

> No entanto, o foco nas redes sociais populares criou a impressão de que, apesar de todas as suas falhas, apenas as grandes empresas estão a debater-se com questões de governação de plataformas (Gillespie et al., 2020). E quando as grandes corporações "deplataformizam" os atores que depois fogem para plataformas de tecnologia alternativa absolutistas de liberdade de expressão, a impressão que se pode ter é que as redes sociais corporativas são governadas, enquanto as alternativas não o são.[139] (Gehl, 2022, p. 4).

---

[139] However, the focus on popular social media has created the impression that, for all their flaws, only the large companies are struggling with platform governance issues (Gillespie et al., 2020). And when the major corporations 'deplatform' actors who then flee to free-speech absolutist alt-tech platforms, the impression one might get is that corporate social media is governed while the alternatives are not. (GEHL, 2022, p. 4)

Mas afinal, o que entendo por governança de plataformas? Para essa definição, apoiamo-nos na perspectiva de Gorwa (2019), que afirma que a governança diz respeito às práticas, políticas e recursos (*affordances*) das plataformas. Portanto, refere-se *como* as plataformas são governadas em suas múltiplas esferas. Para a autora, existem três principais formas de governança: "autogovernança" (*selfgovernance*), "governança externa" (*external governance)* e "co-governança" (*co-governance*). Ainda segundo ela, a co-governança é a opção que apresenta as opções mais radicais no longo prazo, por ser aquela que mais se distancia das plataformas corporativas e se aproxima das plataformas cooperativas. Refere-se ao longo prazo por acreditar que, no curto prazo, seu efeito é limitado pela dominância das primeiras, mas que no longo prazo podem contribuir para uma economia digital mais justa e equitativa (Gorwa, 2019).

Então, como construir modelos democráticos de governança de plataformas? É preciso considerar, antes de tudo, que o elemento democrático deve estar presente não apenas no desenho da própria tecnologia, mas em todas as suas dimensões. Uma plataforma não é propriamente alternativa se tem uma tecnologia democrática, mas os processos de decisão são centralizados. Nesse sentido, vou ao encontro de Grohmann e Salvagni (2023) ao afirmarem que:

> [...] é importante observar que a tecnologia faz parte da construção de plataformas democráticas, mas não é tudo. Ou seja, é preciso considerar dimensões de governança democrática, trabalho decente, impacto, dados para o bem comum. Dessa forma, o cooperativismo de plataforma, longe de repetir um solucionismo tecnológico, repensa toda a lógica por trás da construção de plataformas, em todas as suas instâncias. (Grohmann; Salvagni, 2023, p. 135).

Como forma de ilustrar as múltiplas camadas em que os princípios democráticos podem se expressar em plataformas digitais, reproduzo a estrela de qualidades democráticas de plataformas digitais (Morell; Espelt; Cano, 2020 *apud* Grohmann; Salvagni, 2023, p. 135). Conforme se pode observar na imagem, a governança democrática é vista como uma das dimensões do que os autores chamam de "plataformas sustentáveis" (*sustainable platforms*). E são destacados quatro princípios dessa dimensão: a) Transparência; b) Processos de decisão; c) Gestão; d) Diversidade de gênero. Ao apresentarem uma visão holística do que seriam plataformas digitais democráticas, oferecem para nós um esquema útil para pensar que a governança democrática, embora importante, não é suficiente para que uma plataforma seja considerada democrática, sendo apenas uma de suas esferas.

Figura 4 – Estrela das qualidades democráticas de plataformas digitais

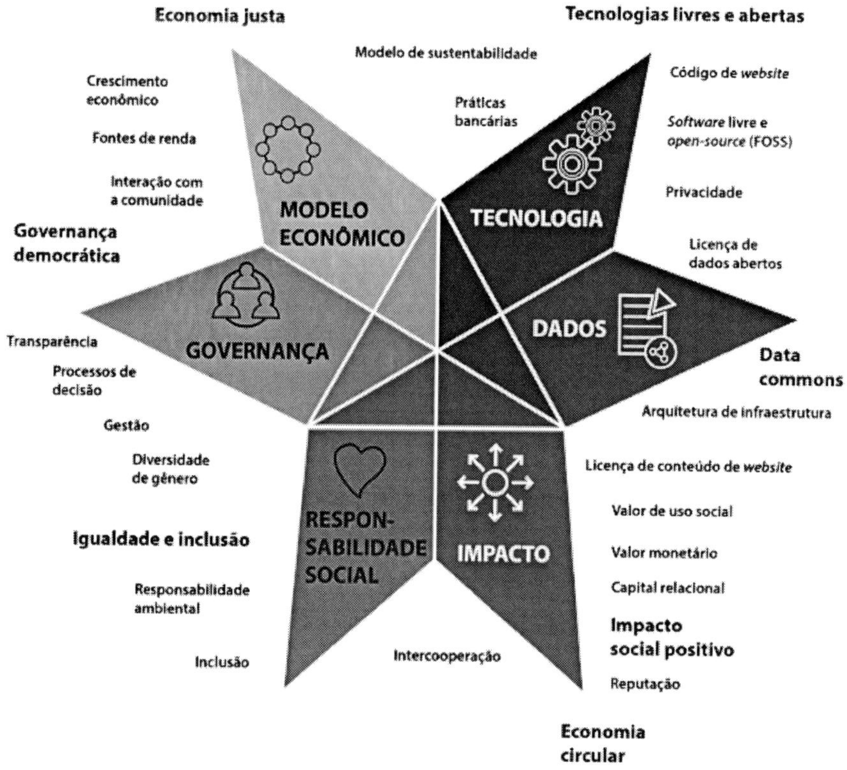

Fonte: Mayo Fuster Morell, Ricard Espelt e Melissa Renau Cano "Sustainable Platform Economy: Connections with the Sustainable Development Goals" (apud Grohmann, Salvagni, 2023, p. 135)

Logo, feita essa introdução sobre o que entendo por governança de plataformas alternativas, nas próximas seções adentrarei em três dimensões que, ao longo da pesquisa, se mostraram centrais nos modelos de governança analisados: os processos de tomada de decisão, as formas de financiamento e as infraestruturas tecnológicas. Serão apresentadas e discutidas as respostas oferecidas nas entrevistas sobre como se dão, de fato, nessas organizações. Em vista disso, não necessariamente expressam como esses modelos gostariam de ser ou deveriam ser, mas *como são de fato.*

4.2. Processos de tomada de decisão

Como vimos na seção anterior, a governança de uma organização é uma dinâmica complexa que envolve múltiplas dimensões. Decidi sintetizá-la para nossa análise em três camadas principais: 1) processos de tomada de decisão; 2) formas de financiamento; e 3) infraestruturas tecnológicas. Entretanto, curiosamente, quando perguntadas nas entrevistas sobre seus modelos de governança, a maioria das organizações respondeu apenas a respeito de seus processos de tomada de decisão, tomando ambos como sinônimos. E na maioria das vezes atrelado ao status societário derivado da relação proprietária de cada pessoa com a organização. Assim, aparece intimamente ligado aos regimes de propriedade (*ownership*) de cada público (*stakeholder*) da organização e como isso determina sua influência nos processos decisórios (*decision-making processes*).

É preciso também fazer a ressalva de que, apesar de falarmos em "modelos de governança", suas formas de organização estão longe do que a palavra "modelo" pode sugerir. Por serem, em sua maioria, iniciativas de criação recente e de pequeno número de trabalhadores, muito da sua governança ainda acontece de modo informal e está em constante evolução. Isso é evidenciado nas entrevistas, com expressões como "um organismo vivo em constante revisão" (DisCO Cooperative) ou "um bebê testando seus músculos" (Art.coop). Suas formas de se organizar são bastante particulares, contingentes e em modo de teste constante. Dentre as iniciativas, temos desde a Art.coop que é composta por 6 mulheres de Nova Iorque até a Stocksy United que reúne 1,8 mil membros em oitenta e três países. Assim, os níveis e as formas com que a gestão compartilhada e a propriedade coletiva se relevam são diversas.

Entretanto, isso não quer dizer que suas experiências não podem servir de parâmetro ou inspiração para outras experiências solidárias ou cooperativas, idealizadas ou emergentes, no campo artístico ou em qualquer outro. Pelo contrário, por seu modo de ser de uma obra inacabada um "estado da arte" que muda de estado constantemente, são justamente

ECONOMIA SOLIDÁRIA E ARTE

aquelas com as experiências mais ricas a serem importadas para outros domínios. Temos mais a aprender com organizações que estão em constante reinvenção do que com as estáticas.

As inspirações de seus modelos de governança apresentam múltiplas influências. Apesar de termos identificado duas grandes correntes de pensamento (cooperativismo e economia solidária) que inspiram seu modo de ser e agir, a maioria das organizações menciona explicitamente a influência de outros conceitos e movimentos sociais. A DisCO Cooperative, por exemplo, cita uma série de referências que influenciam sua governança:

> *O modelo de governança da DisCO é um esquema cultural e econômico para cooperativas e grupos que querem trabalhar de uma forma mais justa e radicalmente democrática. O modelo de governança DisCO é o resultado de práticas de compostagem da economia feminista, dos bens comuns, do cooperativismo de plataforma, do valor aberto e das práticas P2P, entre outras. Mas o mais importante é que a DisCO coloca o cuidado e o apoio mútuo no centro da governança, nutrindo relações interpessoais dentro do grupo e ao mesmo tempo cuidando da saúde do próprio coletivo.*[140] (Entrevista DisCO Cooperative).

Essa centralidade da discussão sobre tomada de decisões nas experiências alternativas de governança do trabalho artístico tem como um de seus principais fatores a premissa da gestão democrática. Ou seja, a maioria das iniciativas afirma buscar que todos os seus membros tenham participação nas principais decisões da organização. A forma como isso é feito, porém, apresenta semelhanças e divergências entre elas; fatores como porte, modelo de trabalho (híbrido/presencial/remoto) e tempo de existência fazem com que esses processos decisórios se deem de modos distintos. Apesar disso, é possível encontrar aproximações entre elas, isso é o que analiso nesta seção.

Um fator em comum encontrado na maioria das iniciativas é a afirmação de que seus processos decisórios se baseiam no "consentimento" (*consent-based decision making*). Apesar de ser um termo relativamente genérico e que pode ser operacionalizado de muitas formas, é constante essa busca por decisões que compartilhem de aceitação coletiva de todos

---

[40] "DisCO's governance model is a cultural and economic framework for coops and groups that want to work in a fairer, radically democratic way. The DisCO governance model is the result of composting practices from feminist economics, the commons, platform cooperativism, open value and P2P practices, among others. But most importantly, DisCO places care and mutual support at the core of governance, nurturing interpersonal relationships within the group while tending the health of the collective itself". Tradução nossa.

ou da maioria. Assim, procuram tomar decisões baseadas mais em deliberação coletiva do que na imposição daquelas tomadas por superiores na estrutura hierárquica, como acontece tradicionalmente nas empresas.

É interessante notar como algumas iniciativas buscam evitar a reprodução de problemas de governança de experiências passadas, tanto no terceiro setor quanto no setor privado. A Art.coop, por exemplo, menciona explicitamente a intenção de não repetir os problemas de gestão do mundo da filantropia, área em que trabalhavam antes de iniciar a comunidade. Eles buscam avançar lentamente nesse sentido, com o intuito de criar uma boa fundação para quando crescerem enquanto organização. Mas, também procuram evitar a ineficiência que afirmam existir em organizações completamente horizontais.

> *Então, eu diria que neste momento estamos a praticar o consentimento e a desenvolver os nossos músculos para praticar de forma mais sociocrática e com interesse em Teal, porque, em última análise, não somos organizadores de justiça social, não somos organizadores de organizações sem fins lucrativos. Não somos como as pessoas que saem daquela máquina. Tipo, Caroline é uma artista. Sou um artista para artistas. E então, às vezes, experimentamos uma espécie de estagnação de alguns desses modelos totalmente horizontais de tomada de decisão. Então, estamos tentando aprender qual pode ser o meio-termo onde ainda podemos ser ágeis porque ainda somos muito pequenos ou não nos prendemos a todos os detalhes da democracia porque nem sequer estamos lá ainda.[141] (Entrevista Art.coop).*

De modo geral, nos projetos entrevistados, as decisões costumam ser divididas em duas dimensões. A primeira diz respeito a decisões mais simples, localizadas e de menor impacto; que geralmente são tomadas pelo time que está mais à frente de determinado projeto ou área. A segunda refere-se às decisões mais complexas, abrangentes e de maior escala; que costumam ser tomadas em reunião por um grupo de líderes. Existe uma cultura difundida entre elas de que as pessoas mais diretamente ligadas a um projeto ou área são as mais capazes para tomarem as decisões com

---

[141] "So I would say right now we're practicing consensus and we are building up our muscles to practice more sociocratically with an interest in teal, because ultimately we are not social justice organizers, we are not nonprofit organizers. We are not like people that come from that machine. Like, Caroline is an artist. I am an artist for artists. And so sometimes we've experienced kind of the stagnancy of some of these decision-making, totally horizontal models. So we're trying to learn of what can be the happy medium where we can still kind of be nimble because we're still so small or we don't get bogged down in all the details of the democracy because we're not even there yet". Tradução nossa.

relação a esses aspectos, e, por isso, gozam de bastante autonomia nessa dimensão. No entanto, as decisões de nível estratégico, como aquelas ligadas à visão e finanças, geralmente são concentradas num pequeno comitê, cujo nome e composição variam de um para o outro.

Entretanto, o conceito de consentimento pode ser problematizado. Isso porque, em minha visão, não existe consentimento "puro", sem a influência de fatores externos. É possível que um aparente consentimento seja motivado por fatores como necessidade ou a pressão de uma hierarquia informal entre seus membros. Na Cosmos Cooperative, por exemplo, afirmam que "as decisões de meta-nível em tecnologia ou finanças tendem a ser tomadas por mim e por minha parceira Kayla, já que ainda somos os principais detentores nesses domínios". Assim, mecanismos como voto secreto tendem a ser interessantes para amenizar possíveis vieses que poderiam influenciar o resultado das decisões.

Apesar do cooperativismo se basear na máxima de "um membro, um voto", a maioria das organizações estudadas apresenta alguma diferenciação entre seus públicos internos em termos de propriedade e influência decisória. Desse modo, elas costumam se definir como "*multistakeholders*", "*multitiered*" ou falar em "classes" de trabalhadores – são os grupos internos que compõem cada organização. O pertencimento a determinado público geralmente está ligado à sua posição societária e determina sua participação ou influência nas assembléias deliberativas. Em alguns casos, isso também define seu papel na organização e a porcentagem da receita recebida. Na maioria das vezes, existe uma pessoa (geralmente, o(a) fundador(a)) ou um comitê que concentra as decisões mais macro e de longo prazo da organização.

Como exemplo dessa divisão interna, posso citar a estrutura da Artisans Cooperative. Em entrevista realizada por nós, definiram seu modelo de governança como uma "Corporação cooperativa multissetorial", afirmando possuir 3 classes de membros: artesãos (produtores/trabalhadores), apoiadores (consumidores) e funcionários (trabalhadores). O caráter *multistakeholder* está presente em boa parte das experiências cooperativas e costuma ser uma de suas principais marcas.

Portanto, apesar do anseio de se constituírem enquanto organizações democráticas, algumas delas adotam níveis de representação. No caso da Groupmuse, por exemplo, as decisões são tomadas por um *board* (conselho) composto por onze trabalhadores-proprietários. Existe também um conselho denominado *Musicians Council*, que funciona como uma ponte entre os músicos e os trabalhadores-proprietários, representando os interesses dos primeiros nas decisões dos segundos. Dentro desse *board*, quatro deles foram eleitos para fazer parte de um comitê de direção (*steering committee*), cuja responsabilidade é definir as prioridades da organização e fazer recomendações e propostas de como aplicar os recursos.

Essa necessidade de representação é justificada por algumas instituições como uma forma de viabilização da gestão democrática. A Unijazz Brasil afirma que, apesar de teoricamente se basear em uma gestão democrática, suas decisões cotidianas são tomadas por um Conselho de Administração. Ainda assim, ressalta que essa representação não contradiz seu caráter democrático, pois o conselho tende a seguir as decisões tomadas em Assembleia Geral e as diretrizes estabelecidas no Estatuto Social. Esse nível de representação é fundamental para viabilizar a própria gestão democrática, já que seria inviável reunir todos os membros em todas as decisões da organização.

Já um exemplo a ser mencionado da relação entre classes de membros e distribuição de receita é o da Means TV. Sua estrutura é dividida em três públicos, todos participantes do *board* de diretores com direito a voto. Primeiro, os *Employee Members*, que trabalham em período integral e recebem 70% do rendimento anual. Segundo, temos os *Contractor Members*, que atuam apenas em projetos pontuais e recebem 20% do rendimento anual. Por fim, existem os Royalty Members, que participam da criação de produtos originais, contribuindo significativamente no trabalho criativo, recebendo 10% do rendimento anual.

Portanto, vimos alguns exemplos de como, apesar de terem como princípios a gestão democrática e a propriedade coletiva, na prática isso não se apresenta como uma democracia direta ou isonomia completa entre seus membros. É comum haver múltiplos grupos internos com base no seu envolvimento na organização e na participação societária, e essa posição determina seu local nos processos deliberativos e na distribuição de receita. Mas, isso não é visto como uma contradição, sendo essa estratificação justificada pelas exigências da própria dinâmica organizacional.

E como as decisões são tomadas na prática? Pela diversidade das organizações entrevistadas, existem muitas formas deliberativas praticadas por elas. Porém, podemos identificar alguns pontos em comum. A grande maioria toma as decisões em reuniões periódicas, geralmente chamadas assembléias e que ocorrem semanalmente ou quinzenalmente. Em algumas, especialmente as menores, todos os membros participam, mas nas organizações maiores, o mais usual é a participação de um dos grupos de líderes, denominado comitê ou *board*.

Como exemplo dessa dinâmica, posso citar como a Cosmos Cooperative explica sua dinâmica deliberativa:

> *Nosso grupo ou círculo mais ativo, a equipe editorial, reúne-se duas vezes por mês; se revezam apresentando questões, dúvidas ou propostas; e toma decisões através do diálogo. Essas reuniões têm em média cerca de 5 a 6 membros presentes.*[142] (Entrevista Cosmos Cooperative).

De modo geral, as iniciativas operam no modelo de trabalho remoto, fazendo com que essas assembléias aconteçam como reuniões síncronas online. Todavia, algumas organizações de maior porte apresentam estruturas de deliberação mais complexas e sofisticadas tecnologicamente, como é o caso da Stocksy United. Eles possuem uma plataforma digital de deliberação assíncrona, onde qualquer membro pode propor uma resolução e os outros membros votarem em tempo real. Essa infraestrutura viabiliza a tomada de decisões de forma democrática e muito próxima de uma democracia direta, reunindo centenas de membros de diversos países.

> *Portanto, temos fóruns, temos uma plataforma de notícias para membros onde publicamos blogs regulares, atualizações, boletins informativos e coisas assim. Também temos um diretório de todos os nossos membros e compartilhamos todos os nossos recursos educacionais. Toda a governança da resolução de votação também acontece nesse portal porque somos uma cooperativa internacional. Não podemos ter todos os nossos membros fisicamente em um espaço ao mesmo tempo. E como representamos vários idiomas e vários fusos horários, fazemos toda a nossa governança on-line no próprio site. Assim, qualquer membro pode propor uma resolução a qualquer momento e nós realmente participamos e votamos em tempo real. Não esperamos por uma reunião anual de membros. Tudo acontece em tempo real. É realmente único.*[143] (Entrevista Stocksy United).

---

[142] "Our most active group or circle, the editorial team, meets twice a month; takes turn presenting issues, questions or proposals; and comes to decisions through dialogue. These meetings average about 5-6 members present". Tradução nossa.

[143] "So we have forums, we have a member news platform which we post regular blogs, updates, newsletters, things like that. We also have a directory of all of our members and we share all of our educational resources. All of the voting resolution governance happens in that portal as well because we are an international

Assim, pude identificar que os processos de tomada de decisão das iniciativas são bastante variados, indo desde reuniões quinzenais com grupos pequenos até plataformas de deliberação em tempo real. Independentemente dos processos, eles viabilizam e efetivam o princípio da gestão democrática compartilhada por todas elas, embora operem de distintas formas e diferentes graus. A necessidade de encontrar maneiras de garantir a representatividade e a participação dos membros nas decisões é um dos principais desafios dos modelos de governança, das experiências alternativas.

4.3. Formas de financiamento

A segunda dimensão que destaco da governança das iniciativas são as suas formas de financiamento. Esse é também um elemento central dos modelos, pois, sem formas de financiamento suficientes e sustentáveis as organizações não são capazes de existir ou prosperar. Encontrar um modelo de negócios sustentável em organizações com fins lucrativos já é um desafio, em empreendimentos cooperativos e solidários as dificuldades são ainda maiores. Apesar de não considerarmos que tais iniciativas precisem alcançar a escala das plataformas corporativas para cumprirem seu papel de políticas prefigurativas, é fundamental que encontrem meios de existir concretamente. Para isso, necessitam de fontes constantes e suficientes de recursos.

Uma das principais conclusões a respeito do cooperativismo de plataforma no relatório da OIT (2021) é que "O impacto futuro desse modelo depende do investimento sustentado no estabelecimento de um ecossistema institucional para fornecer suporte financeiro, legal e tecnológico às plataformas cooperativas nascentes"[144].

Essas organizações não contam com uma série de vantagens competitivas desfrutadas pelas organizações capitalistas, justamente porque sua razão de existência central não é a competição. Como seu propósito final não é a maximização de lucro dos acionistas, são pouco atrativas para

---

co-operative. We can't have all of our members physically in one space at any given time. And because we're representing multiple languages and multiple time zones, we do all of our governance online in within the site itself. So any member can propose a resolution at any time and we actually engage and vote in real time. We don't wait for an annual meeting of members. It all happens in real time. It's really unique". Tradução nossa.

[144] "The future impact of this model depends on sustained investment in the establishment of an institutional ecosystem to provide financial, legal and technological support to nascent platform cooperatives'. Tradução nossa.

o investimento privado. Por terem como preocupação central a garantia de boas condições de trabalho para seus colaboradores, suas margens de lucro são menores. Por esses e outros motivos, tendem também a ter pouca competitividade de preços, não oferecendo grandes atrativos para o público consumidor. Assim, enquanto negócios, encontram, desde o início, uma série de obstáculos particulares.

Um exemplo de como o desafio da sustentabilidade financeira é real e constante para esses projetos pode ser encontrado no caso da cooperativa de streaming de música Ampled, uma das iniciativas mapeadas por mim e um dos principais casos que inspirou este trabalho. No decorrer desta pesquisa, a diretoria da cooperativa anunciou, por meio de suas redes sociais[145], o encerramento de suas atividades, tendo como um dos principais motivos a escassez de recursos para seguir operando. Apesar do fim do projeto, seus líderes buscaram passar uma mensagem de esperança, de que isso não significa que seu trabalho foi em vão ou que experiências como essa não podem ser bem-sucedidas. Reproduzi abaixo o texto completo do anúncio, por considerar ser de grande valia documental para este trabalho. Podemos aprender também com as organizações e tecnologias que morrem, não apenas com as que nascem.

> Nós, o Conselho de Administração, estamos escrevendo para vocês hoje com notícias difíceis. Acreditamos que é prudente encerrar a plataforma Ampled até o final de 2023.
>
> Esta não foi uma decisão fácil. Nos últimos meses, esgotamos todas as opções práticas para continuar as operações e, por fim, determinamos que não temos os recursos ou a largura de banda para continuar de forma responsável, de uma forma que honre os valores e a comunidade da Ampled.
>
> Nos últimos dois anos, enfrentamos uma combinação de desafios – principalmente devido ao esgotamento e à falta de recursos para contratar trabalhadores a tempo inteiro.
>
> Isto é um revés. No entanto, queremos encorajar uns aos outros a manter a fé, o otimismo e a imaginação. Isto não deve ser mal interpretado como um sinal de que as plataformas cooperativas não podem ter sucesso.
>
> Planejamos compartilhar lições desta experiência que podem ser um estudo de caso para ajudar as futuras gerações de plataformas web de propriedade coletiva a escalar e prosperar. Esta reflexão incluirá coisas que poderíamos

---

[145] Disponível em: https://www.instagram.com/p/CytC5n3upql/. Acesso em: 4 abr. 2024.

ter feito de forma diferente e apelos a mudanças que tornarão a construção da próxima vaga de cooperativas menos desafiadora.

E agora, qualquer um poderia aproveitar esse experimento e criar o próximo Ampled. Graças ao trabalho considerável da equipe Ampled, o código e o estatuto são todos de código aberto.

Os artistas já receberam uma notificação antecipada desta notícia e receberão um e-mail de acompanhamento sobre o que isso significa para eles e seus apoiadores e como encerrar suas contas.

Para encerrar, gostaríamos de expressar nossa profunda gratidão por sua confiança, apoio e contribuições à comunidade Ampled. O que construímos juntos foi extraordinário e valorizamos profundamente cada relacionamento e conexão formados através desta plataforma.

Obrigado por fazer parte da Ampled. Foi uma honra criar e crescer com você.

Com sincero agradecimento,

Conselho de Administração da Ampled[146]

O desafio da sustentabilidade financeira se impõe logo quando uma iniciativa é idealizada – como levantar recursos suficientes para começar, até que ela alcance a autossuficiência por meio de seus produtos e serviços? Os autores do já citado Chokepoint Capitalism corroboram essa perspectiva ao afirmar que "o maior desafio para as cooperativas de

---

[146] "We, the Board of Directors, are writing to you today with difficult news. We believe it is prudent to sunset the Ampled platform by the end of 2023. This was not an easy decision. Over the past several months, we have exhausted all practical options to continue operations, and ultimately determined that we do not have the resources or bandwidth to responsibly continue in a way that honors the Ampled values and community. For the last two years, we've faced a combination of challenges – primarily from burnout and a lack of resources to hire full-time workers. This is a setback. However, we want to encourage each other to keep our faith, optimism, and imagination. This shouldn't be misinterpreted as a sign that cooperative platforms can't be successful. We plan to share lessons from this experience that can be a case study to help the future generations of collectively-owned web platforms scale and thrive. Included in this reflection will be things we could have done differently and calls for changes that will make building the next wave of cooperatives less challenging. And right now, anyone could build upon this experiment and create the next Ampled. Thanks to considerable work from the Ampled team, the code and bylaws are all open source. Artists have already been given an advanced notification of this news and will receive a follow up email on what this means for them and their supporters and how to sunset their accounts. In closing, we would like to express our profound gratitude for your trust, support, and contributions to the Ampled community. What we built together has been extraordinary, and we deeply value every relationship and connection formed through this platform. Thank you for being a part of Ampled. It has been an honor to create and grow with you. With sincere appreciation, Ampled Board of Directors" Tradução nossa.

trabalhadores é levantar o capital necessário para começar.[147]" (Giblin; Doctorow, 2022, p. 230). O começo é sempre a fase mais difícil porque, como todo empreendimento, demanda um investimento inicial para que se estabeleça enquanto negócio. No caso de iniciativas cujo trabalho está diretamente ligado a uma plataforma digital, são necessários recursos para o desenvolvimento da plataforma. Mesmo em iniciativas mais analógicas, cujo *core business* remonta a bens físicos, é necessário, por exemplo, a compra de matérias-primas e ferramentas de trabalho. É praticamente impossível conceber um modelo de negócios que não exija nenhum investimento inicial.

O levantamento de recursos é considerado fundamental pela Art. coop, pois argumentam que somente ao mostrar ao mundo que as experiências prefigurativas existem e têm um impacto considerável é que se poderá alcançar uma transformação social e econômica maior. Portanto, defendem que é preciso demonstrar o caráter ilustrativo da prefiguração – ou seja, que tais experiências exercem um papel visível de demonstração de como alternativas são possíveis – fornecendo um apelo maior para a sociedade em geral, se comparado à mera apresentação de conceitos e ideais abstratos. Não basta argumentar que organizações cooperativas e solidárias são viáveis, é preciso que elas possam ser vistas na realidade, existindo e operando.

> *Como conseguimos mais financiamento para a economia solidária na arte? E então, acho que é disso que se trata o nosso esforço agora, como redirecionamos muito, muito dinheiro de outras pessoas, dadas as contradições que existem para que possamos fazer essas prefigurações de experimentos, porque não é suficiente ter lindos vídeos e textos e outras coisas. Se as pessoas não conseguem ver um Resonate funcionando e sendo real, elas nunca vão questionar por que a Apple e o Spotify são exploradores, se as pessoas não conseguem ver que essas coisas são reais, não vai funcionar. Minha filosofia de comunicação é que você deve gostar de demonstrar suas comunicações. Então acho que é aí que estamos. Não há coisas demonstrativas suficientes. Não há experiências bem-sucedidas suficientes.[148] (Entrevista Art.coop).*

---

[147] "The biggest challenge to worker cooperatives is raising the capital they need to start up". Tradução nossa.

[148] "How do we get more funding for solidarity economy in art? And so, like, I think that's what our effort is about right now of like, how do we redirect lots and lots of other people's money given the contradictions that about it so that we can make these prefiguring of experiments will because it's not enough to have like beautiful videos and texts and stuff. If people can't see a Resonate working and being real, they're never going to question why Apple and Spotify are exploitative, if people can't see this stuff is real, it's not going to

Mas quais são, então, as formas de financiamento disponíveis para as organizações cooperativas e solidárias? Para fins didáticos, subdividi as formas de financiamento encontradas dentre os projetos entrevistados nas seguintes categorias: 1) Investimento privado; 2) Investimento cooperativo/solidário; 3) Investimento público; e 4) Autossustentabilidade. Nesse sentido, cada organização é única e encontrou sua forma de dar o pontapé nos seus trabalhos. Apesar de essa distinção ser esquematicamente útil, grande parte das iniciativas combinou essas fontes de receita ao longo de seu desenvolvimento ou mesmo ainda concomitantemente.

Uma evidência dessa combinação de formas de financiamento pode ser encontrada na Artisans Cooperative. Quando perguntados sobre seu modelo de financiamento, afirmaram que estão levantando fundos iniciais a partir de uma combinação de investimentos – competições de negócios, doações e *buy-ins* de membros. A iniciativa recebeu apoio da Start.coop[149], aceleradora de cooperativas responsável por financiar e escalar diversos projetos ao redor do mundo. Uma vez operacional, a Artisans pretende que seu sustento passe a vir principalmente por comissões de vendas. Em seu site, fica evidente a preocupação com um modelo de negócios e gestão de produtos, optando por uma estratégia faseada de captação de recursos e lançamento da plataforma.

Portanto, nesta seção apresentei de forma ilustrativa algumas das maneiras como as iniciativas entrevistadas encontraram jeitos para financiar sua estruturação e sustentação. Ao fornecer esse esquema de modos de financiamento, objetivei iluminar para projetos idealizados caminhos possíveis para obtenção de recursos. Neste trabalho, abordo o tema em caráter descritivo, lançando luz às formas concretas desempenhadas pelas iniciativas estudadas, mas esforços de pesquisa futuros podem se debruçar na identificação de oportunidades ainda inexploradas.

Apesar de não serem empresas com fins lucrativos, não é incomum o investimento privado por parte de pessoas físicas e jurídicas nesses empreendimentos. Embora o interesse na maximização do retorno sobre investimento não seja a prioridade nas iniciativas, elas atraem investidores que valorizam e acreditam em seu trabalho. É comum que esse seja o capital inicial das organizações até que chamem a atenção de outros

---

work. My communications philosophy is that you have to like demonstrate your communications. So I think that's where we're at. There's not enough demonstrative things. There's not enough successful experiments' Tradução nossa.

[149] Disponível em: https://www.start.coop/. Acesso em: 7 abr. 2024.

tipos de investimento ou obtenham retorno suficiente de seus próprios produtos e serviços.

Na maioria dos casos, esse investimento privado é feito pelos próprios fundadores desses projetos. O principal exemplo dessa dinâmica pode ser encontrado na Stocksy United, que teve como investimento inicial o capital levantado por seus fundadores com a venda da startup de banco de imagens iStockphoto. Do valor obtido com a venda da empresa, foi investido USD 1 milhão para o início da cooperativa, que a sustentou por 2 anos até que sua receita ultrapassasse o ponto de equilíbrio. Esse é um caso muito interessante, em que, da venda de uma empresa privada, se iniciou uma cooperativa que compete diretamente com ela.

Um outro exemplo de investimento privado é a Cosmos Cooperative. Segundo eles:

> Primordialmente, fomos autofinanciados e financiados por doadores. Ao longo dos anos (desde 2016) tivemos cerca de 125 doadores. Os doadores contribuíram com aproximadamente 40% do nosso financiamento, enquanto os membros fundadores contribuíram com aproximadamente 60%.[150] (Entrevista Cosmos Cooperative).

Portanto, o investimento privado de pessoas físicas ou jurídicas é uma das formas de financiamento que viabiliza tais experiências. Apesar de não serem atrativas em uma lógica simples de investimento versus retorno, elas acabam atraindo aportes de quem acredita e confia em suas missões, visões e valores. Na maioria dos casos, esses investidores são seus próprios fundadores, que empregam seu capital privado pessoal para o início da cooperativa ou empreendimento solidário. Geralmente, esse é o investimento que viabiliza o início de tais organizações, que depois tendem a migrar para outras formas de financiamento.

Uma outra forma de financiamento encontrada pelas iniciativas é aquela provida por instituições cooperativas, organizações sem fins lucrativos e empreendimentos solidários mais consolidados. Por estarem num ambiente de cooperação e não competição, é natural que organizações de maior porte e já consolidadas financeiramente apoiem iniciativas emergentes, concretizando um ecossistema baseado em intercooperação.

---

[50] "Primarily we have been self-funded and funded by donors. Over the years (since 2016) we've had about 25 donors. Donors have contributed approximately 40% of our funding, whereas founding members have contributed approximately 60%". Tradução nossa.

São múltiplas, porém, as formas como esses investimentos são avaliados e operacionalizados. Existem os casos, como o da Start.coop, por exemplo, em que se abre uma chamada para propostas e se realiza um aporte financeiro nas selecionadas. Em outros casos, oferecem-se empréstimos com condições especiais que podem chegar à taxa zero de juros (chamados *co-op loan programs*). É comum também que esse investimento não se limite ao aporte financeiro, mas que haja um programa de mentoria e acompanhamento para auxiliar o desenvolvimento do projeto investido.

Em minha pesquisa, o programa que oferece um financiamento para organizações com o recorte mais próximo do objeto estudado é o AmbitioUS,

> [...] uma iniciativa do Centro de Inovação Cultural (CCI) que incentiva o desenvolvimento de economias alternativas emergentes e novos contratos sociais de forma a que os artistas e as comunidades culturais possam alcançar a liberdade financeira.[151]

O programa se direciona a dois tipos de públicos, chamados "changemakers"[152]:

1) *Trailblazer*: "pioneiros de modelos de economia alternativos que se baseiam em relacionamentos e no bem-estar, e não no crescimento económico e na maximização do lucro". Como exemplo de iniciativa dessa categoria, podemos encontrar a Boston Ujima Project[153], um fundo de investimento democraticamente governado. A iniciativa recebeu do programa em 2023 um *grant* de US$ 75,000 para operar por um ano.

2) *Artist Ownership*: "Artistas que estão a experimentar modelos com maior apoio financeiro, com particular ênfase naqueles que estão a participar em esforços de Economia Alternativa nas suas comunidades baseadas no local ou na identidade". Como exemplo de iniciativa dessa categoria podemos encontrar a Groupmuse, a iniciativa entrevistada por nós. Ela recebeu em 2023 um empréstimo perdoável de US$ 75,000, juntamente com US$ 25,000 adicionais em apoio ao projeto para ajudar o Groupmuse a continuar a refinar seu modelo de negócios e sua marca.

A Artisans Cooperative é um dos exemplos que teve o investimento cooperativo como um dos facilitadores de sua criação. A cooperativa fo

---

[151] Disponível em: https://ambitio-us.org/. Acesso em: 7 abr. 2024.

[152] Disponível em: https://ambitio-us.org/investments/. Acesso em: 7 abr. 2024.

[153] Disponível em: https://ambitio-us.org/investee/boston-ujima-project-5/. Acesso em: 7 abr. 2024.

selecionada em 2023[154] para o *Start.coop Accelerator Program*[155], que a forneceu um aporte de US$ 10,000, além de todo um programa de incubação que inclui mentoria, acesso a ferramentas e serviços, entre outros benefícios. Esse investimento foi usado para sua incorporação legal e configuração contábil, além de ampliar sua visibilidade no meio cooperativo e contribuir para o levantamento de outros investimentos futuros.

Esse tipo de investimento é feito não apenas por instituições cooperativas e solidárias, mas também em filantropias e fundações, como no caso da Art.coop. As fundadoras, que possuírem experiência prévia no campo filantrópico, desenvolveram relações pessoais com instituições financiadoras. Ao defenderem o papel das experiências artísticas para esses públicos financiadores, conseguiram que a *Grantmakers in the Arts*[156], uma associação de financiadores públicos e privados de artes e cultura nos EUA, lançasse uma chamada de propostas sobre o tema. Então, elas propuseram a produção de um relatório sobre como instituições filantrópicas podem apoiar tais iniciativas e receberam o recurso para sua elaboração, que culminou no já mencionado relatório que deu origem à Art.coop. Em suas próprias palavras, o relatório serviu como uma ferramenta organizativa (*organizing tool*) para organizar a comunidade de filantropos de arte no apoio a esse ecossistema emergente.

> *Então, Grantmakers in the Arts lança uma RFP, um pedido de proposta, dizendo "nós, na comunidade de financiadores de artes, queremos aprender sobre isso". Estamos aprendendo economia alternativa, capitalismo racial. Queremos aprender sobre isto e como podemos redirecionar os financiadores para fazerem investimentos mais profundos nas causas profundas das dificuldades dos artistas. Portanto, não apenas financiando rostos negros e pardos e pobres e lugares de destaque na orquestra, na sinfonia, que é o que ainda é muita filantropia artística. Mas tipo, como podemos realmente investir, fazer investimentos maiores e amar isso que eles estão ouvindo? E foi assim que surgiu o relatório.*[157] (Entrevista Art.coop).

---

[154] Disponível em: https://medium.com/creators-rising/artisans-co-op-gains-more-momentum-with-funding-and-resources-from-start-coop-8334a5eb954a. Acesso em: 7 abr. 2024.

[155] Disponível em: https://www.start.coop/accelerator. Acesso em: 7 abr. 2024.

[156] Disponível em: https://www.giarts.org/. Acesso em: 7 abr. 2024.

[157] "So Grantmakers in the Arts puts out an RFP, a request for proposal, saying 'we in the arts funder community want to learn about this thing'. We're learning alternative economics, racial capitalism. We want to learn about this and how we can redirect funders into making deeper investments in the root causes of why artists struggle. So not just funding black and brown and poor faces and top places in the orchestra, in the symphony,

Depois desse pontapé na organização dado pelo relatório, o projeto é financiado hoje pela Open Collective Foundation[158] e por doações individuais de filantropos. Essa relação com as filantropias, todavia, é vista por eles como contraditória. Por um lado, resgatam as limitações de se depender desse modelo de financiamento, pois boa parte de seus investimentos é direcionado para projetos/produtos específicos, e não para o trabalho integral da organização – o que se costuma chamar de financiamento institucional – que oferece mais liberdade para as financiadas na alocação do recurso recebido. Em suas palavras:

> *Você precisa nos dar dinheiro apenas para operar. Não podemos simplesmente nos dar dinheiro apenas para construir um produto brilhante, como precisamos para construir lentamente nosso modelo organizacional.*[159] (Entrevista Art.coop).

Por outro lado, é o meio mais efetivo de se levantar recursos para financiar tais experiências. Isso ocorre porque, segundo elas, o suporte público estadunidense para essas iniciativas é praticamente inexistente, o movimento cooperativista é muito restrito para apoiar experiências que divergem de seu modelo, e não se pode depender dos recursos dos próprios artistas, que muitas vezes não possuem o mínimo para viver.

É possível também citar o caso da Groupmuse, que, após o esgotamento dos recursos inicialmente levantados com "um pequeno financiamento" e, em seguida, uma campanha de lançamento que levantou US$ 140,000 e subsidiou a organização por um ano e meio, se viu diante do desafio de levantar recursos suficientes para cobrir os custos da organização. Uma das formas de fazer isso foi por meio da criação da Groupmuse Foundation, uma organização sem fins lucrativos que realiza uma espécie de arrecadação de fundos para o estilo artístico de membros do conselho que desejam apoiar as artes e gostam de financiar parte de nossas operações. A receita advinda da fundação foi fundamental para garantir sua sobrevivência durante a pandemia. No início de 2023, receberam um empréstimo de US$ 250,000 da Shared Capital Cooperative, que é uma empresa de empréstimos cooperativos com sede em Minneapolis, que oferece o que chamam de um "empréstimo cooperativo amigável" (Entrevista Groupmuse).

---

which is what a lot of arts philanthropy is still. But like, how can we actually invest, make larger investment and to love this thing that they're hearing about? And so that's how the report came about". Tradução nossa.

[158] Disponível em: https://opencollective.com/foundation. Acesso em: 28 ago. 2023.

[159] "You need to give us money just to operate. We can't just give us money just to build a shiny product like we need to slowly build our organizational model". Tradução nossa.

Desse modo, vimos, por meio de três exemplos, como o papel do financiamento realizado por instituições cooperativas e filantrópicas é fundamental para a criação e desenvolvimento de tais empreendimentos. Numa lógica de "os grandes ajudam os pequenos", são viabilizadores e facilitadores que contribuem para a existência e manutenção de iniciativas que não contam com as outras formas de financiamento mencionadas. Apesar disso, destaco as limitações dessa fonte, especialmente a dependência desenvolvida com essas instituições e o comprometimento dos recursos recebidos com a expectativa do financiador.

Uma outra opção de investimento para essas iniciativas é o financiamento público. Não encontrei programas de financiamento públicos direcionados especificamente para iniciativas cooperativas e solidárias no campo artístico. Dentre as iniciativas entrevistadas, nenhuma delas mencionou o recebimento direto de recursos públicos para o apoio de seus trabalhos. Porém, não poderia deixar de mencionar o papel que esse tipo de iniciativa pode ter para o fomento desse ecossistema. Isso porque, dentre todos os atores possíveis, os governos são um daqueles com mais recursos, que poderiam prover uma fonte de financiamento mais constante e sem comprometer a independência das iniciativas.

> Quando pensamos em enfrentar os grandes desafios globais, um primeiro impulso comum é recorrer aos governos federais para os resolver. Afinal, são eles que têm mais recursos, os poderes mais amplos e o direito de celebrar tratados internacionais. É por isso que pode ser tão frustrante quando esses governos estão imobilizados em questões importantes como as alterações climáticas – se não vão agir, quem o fará?[160] (Giblin; Doctorow, 2022, p. 240).

Sobre o papel do Estado no fomento da Economia Solidária 2.0, Neder *et al.* mencionam sua importância, especificamente em momentos de maior fragilidade, garantindo sua sobrevivência:

> O Estado brasileiro também deve garantir ou apoiar direitos de seguridade, previdência e qualidade de vida no trabalho para membros de cooperativas, com redução de impostos, crédito e políticas não-reembolsáveis de apoio nos primeiros anos das cooperativas e em momentos de crises. (Neder *et al.*, 2023, p. 57).

---

[160] "When we think about tackling major global challenges, a common first impulse is to look to federal governments to solve them. After all, they're the ones with the most resources, the broadest powers, and the right to enter into international treaties. That's why it can be so frustrating when those governments are immobilized on major issues like climate change—if they're not going to act, then who will?" Tradução nossa.

Nas últimas décadas, observa-se um crescente papel do Estado no financiamento da cultura e das artes, especialmente desde que isso passou a ser uma obrigação constitucional na Constituição Federal de 1988 (art. 215). Entretanto, Segnini (2008) destaca o papel crescente das grandes corporações no financiamento do trabalho artístico, por meio de políticas públicas de isenção fiscal, sendo a Lei Rouanet (8.313/1991) sua maior expressão. Nessa relação entre Estado e Mercado, segundo a autora, o segundo acabou se sobressaindo por ter um impacto direto no conteúdo das produções.

> No quadro institucional brasileiro, o Estado representa a principal instituição – suporte financeiro na concretização das atividades artísticas; no entanto, sobretudo nos últimos vinte anos, é observado, cada vez mais, crescente e relevante presença das grandes corporações, de capital estatal ou capital privado, no financiamento do trabalho artístico. (Segnini, 2008, p. 546).

Feita essa breve discussão sobre o papel do investimento público nos projetos do meu universo de pesquisa, o que podemos encontrar de concreto em esforços nessa direção? Apesar de não termos identificado nenhum programa público de financiamento com o recorte exato trabalhado por nós, existem cada vez mais programas de governos ao redor do mundo para o apoio à produção artística ou o fortalecimento de iniciativas autônomas de trabalhadores. Contudo, há uma lacuna no apoio a experiências que representam esses dois universos.

No campo das artes, posso citar como exemplo o National Endowment for the Arts[161], uma agência federal independente que é o maior financiador das artes e da educação artística em comunidades dos Estados Unidos. A agência apoia iniciativas artísticas com *grants* para projetos artísticos, para projetos de comunidades carentes e para programas de projetos comunitários com atividades artísticas.

Um outro programa, agora no contexto europeu, que merece ser mencionado é o MatchImpulsa[162]. Trata-se de um programa da cidade de Barcelona para incentivar a "plataformização digital da Solidariedade Social e da Economia Colaborativa", com um viés "profundamente femi-

---

[161] Disponível em: https://www.arts.gov/. Acesso em: 7 abr. 2024.
[162] Disponível em: https://matchimpulsa.barcelona/. Acesso em: 7 abr. 2024.

nista". Apesar do escopo do programa não se limitar ao campo das artes, é bastante inovador e pode ser uma boa referência para programas de financiamento no campo artístico.

O governo brasileiro é mundial e historicamente conhecido por suas políticas culturais. Dentre elas, posso citar o Programa Cultura Viva (2004), o Plano Nacional da Cultura (2005), o Programa Mais Cultura (2007), a Lei Aldir Blanc (2020), apenas para citar algumas. Porém, os recursos destinados e habilitados por elas não são direcionados para iniciativas de propriedade e gestão dos artistas. Para isso, é preciso que esse diálogo seja estabelecido e se mostre o valor de financiar não apenas a produção da cultura, mas também as organizações que a produzem de forma cooperativa e solidária.

Uma outra forma mais indireta na qual o Estado poderia fomentar as iniciativas cooperativas e solidárias no campo artístico, que pode ser mais explorada em outros trabalhos e vem sendo cogitada por autores como De Peuter (2014) é por meio da Renda Básica Universal. Caso fosse garantido aos artistas os recursos mínimos para sua sobrevivência, eles sofreriam menos a pressão de obter rendimentos por meio de seus empreendimentos e poderiam assumir mais riscos na criatividade e radicalidade dessas experiências. Se precisassem batalhar menos pelo pão de cada dia e pudessem concentrar seus esforços na luta por organizações mais justas e democráticas para o trabalho artístico, é de se esperar que veríamos muito mais iniciativas e que elas prosperariam de forma mais eficaz.

> [...] a renda básica permitiria aos trabalhadores culturais – entre uma série de outros grupos – prosseguir o seu trabalho no contexto de experiências econômicas alternativas, incluindo, por exemplo, cooperativas de trabalhadores, com o rendimento básico a proporcionar alguma proteção às experiências contracapitalistas contra as pressões competitivas do mercado.[163] (De Peuter, 2014, p. 273).

Desse modo, não identifiquei, dentre os projetos analisados, o apoio direto do Estado por meio de investimento público. Por não ser o foco direto deste trabalho, limitei-me a discutir brevemente o estado da arte do investimento público em relação a essas iniciativas e a argumentar

---

[163] "Basic income would enable cultural workers – among a range of other groups – to pursue their work in the context of alternative economic experiments, including, for instance, worker cooperatives, with the basic income providing some protection for counter-capitalist experiments from the competitive pressures of the market". Tradução nossa.

pela sua importância. No entanto, trabalhos futuros poderão desenvolver orientações mais concretas para o fomento público desse ecossistema. Considero o Estado um ator fundamental no fomento desse ecossistema, por ter a capacidade institucional de oferecer recursos mais abundantes e constantes para esses empreendimentos. É preciso buscar diálogo com as autoridades públicas para conscientizá-las sobre a importância de tais experimentos na reinvenção do trabalho na economia digital.

Para além do investimento externo – seja ele privado, público ou cooperativo/solidário – algumas iniciativas conseguem êxito em modelos de negócio capazes de gerar uma fonte de receita significativa por meio da oferta de produtos e serviços. Para alcançar esse estágio, uma série de desafios precisa ser superada, e são poucas as que conseguiram, até o momento, alcançar a autossuficiência financeira. Essa forma de financiamento não precisa, necessariamente, substituir totalmente as demais, mas a diversificação de receitas é interessante por aumentar a independência e a segurança financeira dessas iniciativas.

Dentre os projetos estudados, posso citar alguns exemplos. O financiamento da Means TV se dá por meio de planos de assinatura de sua plataforma de streaming de vídeo. A assinatura custa US$ 9,99/mês no plano mensal ou US$ 109,99/ano no plano anual. Assim como boa parte das plataformas, oferece um período de teste gratuito de 7 dias para o plano mensal e de um mês para o plano anual. No momento da escrita deste subcapítulo, contava com 18,9 mil apoiadores (*supporters*). É também interessante notar que são explicitamente contra a veiculação de anúncios na plataforma, especialmente em um momento em que as grandes plataformas corporativas dos mais diversos setores cada vez mais incluem a monetização por meio de anúncios em seus modelos de negócios.

A forma de financiamento da Groupmuse é interessante e inovadora, pois remunera os artistas de maneira muito mais direta do que o usual, permitindo que eles se relacionem e cresçam sua comunidade. A taxa de US$ 5,00 por inscrição, cobrada pela cooperativa para sua manutenção, costuma ser relativamente menor do que a cobrada por eventos semelhantes, como o couvert artístico de bares e restaurantes. O uso da plataforma é gratuito para hosts e músicos, sendo que os músicos são remunerados em média, US$ 20,00 por performance. Assim, a fonte autônoma de receita da cooperativa se dá por meio da cobrança dessa taxa por cada inscrição nos eventos organizados por meio da plataforma.

Como último exemplo, citemos a Unijazz para ilustrar uma forma de financiamento autônoma, não ligada diretamente a uma plataforma digital, como nos casos anteriores. Seu modo de financiamento se dá por meio de uma taxa de administração, cobrada a cada serviço prestado pela cooperativa, para o custeio de suas despesas e outros investimentos necessários ao seu bom funcionamento. Em outras palavras, no valor de todo serviço prestado, está embutida uma taxa de administração que fica com a cooperativa e subsidia sua manutenção. Assim, aproximam-se do modelo de prestadores de serviços, recebendo por *job* e não por contribuição de seus membros ou outros modelos aqui estudados.

Portanto, observo que algumas iniciativas obtêm êxito em gerar recursos próprios por meio da oferta de produtos e serviços. Em algumas delas, como é o caso da Stocksy United, essa receita torna-se única e suficiente para a manutenção e crescimento da iniciativa. Em outras, essa forma de financiamento é um dos componentes dentro de um esquema de diversas fontes de receita. Independentemente do caso, considero que essa fonte deve ser sempre considerada como um horizonte que garante mais autonomia e segurança financeira para esses projetos.

4.4. Infraestruturas tecnológicas

A terceira e última dimensão que destaco dos modelos de governança das experiências alternativas de governança do trabalho artístico são suas infraestruturas tecnológicas. Conforme vimos ao longo de toda a obra, as novas tecnologias produzem diversos efeitos na produção e circulação de arte, seja no aprofundamento da alienação e exploração dos artistas, seja na melhoria das suas condições e aumento de sua autonomia. Para além das tecnologias em si, parti do pressuposto de que os seus regimes de propriedade c gestão são os principais fatores que determinam os seus impactos nos trabalhadores artistas.

O nível de centralidade da tecnologia e suas formas de aplicação variam significativamente entre as iniciativas estudadas. Temos projetos que operam totalmente em torno de plataformas digitais (como a Stocksy United, a Artisans Cooperative, a Means TV e a Groupmuse), até aqueles cujo papel da tecnologia está mais ligado a dar visibilidade ao seu trabalho para potenciais financiadores e clientes (como nos casos da DisCO

Cooperative e da Unijazz Brasil). Contudo, é um fato que atualmente se tornou impossível conceber um modelo de governança sem uma reflexão sobre qual será o papel da tecnologia no modelo de negócios em questão.

A centralidade da tecnologia para algumas dessas iniciativas pode ser exemplificada pela Groupmuse. Na entrevista realizada com eles, afirmam que "a grande infraestrutura que temos é a rede social, Groupmuse.com"[164]. A plataforma conta com um site, mais utilizado pelos *hosts* e artistas, e um aplicativo mobile, usado primordialmente pela audiência para encontrar shows próximos. Além disso, afirmam que uma parte significativa do trabalho de criação da plataforma foi realizada por Kyle Schmolze, fundador da cooperativa. Esse trabalho de desenvolvimento e aperfeiçoamento da infraestrutura digital foi realizado ao longo dos dez anos da iniciativa.

> *Nós construímos uma tonelada de infraestrutura apenas para tentar descobrir quais são as maneiras pelas quais podemos apoiar essas coisas acontecendo, como, sim, a maneira mais fácil, a maneira mais fácil de fazer isso, você sabe, da perspectiva do anfitrião e da comunidade e então também da maneira mais automatizada possível, como minimizar o envolvimento da equipe e basicamente minimizar o custo de executar a operação, para que possamos palpar centenas de contratos por mês com apenas uma pequena equipe remota, você sabe, uma equipe remota relativamente pequena.[165] (Entrevista Groupmuse).*

Sobre o tema da tecnologia, direciono nas entrevistas a pergunta sobre quais elas consideram os potenciais e riscos de novas tecnologias, como Inteligência Artificial e Blockchain. A menção a essas duas tecnologias não foi por acaso; a aplicação na produção artística foi um dos primeiros usos no advento de ambas. No caso da IA, vemos toda a discussão gerada em torno dos direitos autorais em criações geradas por IAs generativas. Com relação à Blockchain, todo o debate levantado em torno dos Non-Fungible Tokens (NFTs) e seu potencial para a monetização de obras digitais. Nosso intuito aqui foi simplesmente colher, das iniciativas, suas opiniões sobre essas tecnologias, guardando para trabalhos futuros discussões mais amplas sobre esses temas.

---

[164] "The big piece of infrastructure we have is the social network, Groupmuse.com". Tradução nossa.

[165] "We've built that a ton of infrastructure for just trying to find what are the ways that we can support these things happening with like, yeah, the easiest, the easiest way to do it from, you know, host and community perspective and then also kind of like the most automated way possible from like minimizing staff involvement and minimizing basically how expensive it is to run the operation so that we can be palpating hundreds of contracts a month with only a small remote, you know, relatively small remote staff". Tradução nossa.

De modo geral, encontrei a visão compartilhada de uma "adoção crítica" por parte das iniciativas. Quando questionadas sobre as novas tecnologias, nenhuma delas expressou um otimismo acrítico ou um pessimismo negacionista, todas destacando seus potenciais e riscos. O nível de presença da tecnologia no modelo de negócios das iniciativas apresentou correlação com o nível de sofisticação de suas reflexões sobre o papel da tecnologia em empreendimentos cooperativos e solidários.

Comecemos pela resposta da Art.coop, que afirma estar vendo os artistas trazerem à tona tais discussões e se veem preocupados. Afirma estar tentando ouvir os artistas e entender suas demandas, e vê o papel da organização em ampliar tais demandas, apesar de não considerar isso como o foco de seu trabalho. Diz que estão focadas em financiar esses experimentos prefigurativos e que, talvez nesse processo, os próprios artistas tragam demandas a esse respeito. Apesar disso, estão curiosas sobre como tais tecnologias podem ser "usadas para o bem" e ajudar os artistas em seus trabalhos cotidianos. E brinca que, se puder dar um comando para a IA produzir um vídeo sobre o movimento da Economia Solidária fora dos Estados Unidos para cidadãos americanos e as pessoas aprenderem com ele, seria "cool".

Já a Artisans Cooperative vê tais discussões totalmente fora do seu alcance atual, por estarem mais focados em outras questões. Respondem que, "como uma startup que trabalha com voluntários de baixa renda e uma comunidade dispersa de proprietários de microempresas, blockchain e tokens estão fora de nosso alcance como uma cooperativa". Assim, por mais que essas tecnologias se apresentem hoje como grandes potencializadoras da produção artística, a iniciativa analisada não vê sua adoção no horizonte próximo.

Assim, destaco as respostas de duas iniciativas que reconhecem a importância da tecnologia em seus campos. No entanto, devido ao fato de a tecnologia não ser central em seus modelos, não apresentam reflexões aprofundadas ou aplicações sofisticadas em suas experiências. Agora, discutamos aquelas que priorizam a questão da tecnologia e buscam desenvolver, na prática, reapropriações em seus trabalhos.

Das oito iniciativas entrevistadas, apenas uma delas afirmou ter uma aplicação de inteligência artificial em sua infraestrutura tecnológica. A Stocksy United declarou utilizar IA nos mecanismos de busca de seu site, treinando modelos para criar o que é chamado de "search facets", que são subcategorias de filtros usados para aprimorar uma busca em um banco de dados. Essa ferramenta permite, por exemplo, filtrar uma determinada busca por cor ou pela distância do objeto na imagem. Por possuírem uma quantidade enorme de imagens em seu banco, a IA consegue perceber os padrões entre as imagens de forma muito mais ágil e sugerir essas subcategorias de semelhanças entre elas.

A curadoria das imagens continua a ser realizada por humanos, pois acreditam que a qualidade desejada na seleção das que comporão seu banco de imagens só pode ser garantida por uma avaliação pessoal. Entretanto, outras discussões permanecem em aberto, como a que se refere à permissão de imagens criadas por IA em seu banco, o que, até o momento, é vedado[166]. Concluem afirmando que essa é uma conversa em andamento e que se trata de um assunto de grande relevância.

> *Portanto, é muito importante para nós que as pessoas criem e carreguem esse conteúdo. O membro está fazendo isso. Esta é apenas uma conversa contínua, uma pesquisa contínua. Nossa liga, toda a nossa equipe de tecnologia e todos são nosso conselho de administração. Todo mundo está falando sobre isso porque é claro que está impactando todos os setores e o nosso também faz parte disso. Então, não posso falar sobre isso porque não estou nessas conversas, mas obviamente está sendo falado. Sim, é uma grande coisa.[167] (Entrevista Stocksy United).*

A Cosmos Cooperative afirma trabalhar tanto com artistas que abraçaram essas tecnologias de forma mais otimista quanto com aqueles que se apropriam delas com o intuito exclusivamente financeiro. Seu fundador, Marco V. Morelli, que também é poeta, chegou a escrever um poema intitulado "#AI", no qual reflete sobre a inteligência artificial. Nele, podemos perceber um tom cético e relativamente pessimista, questionando a IA na busca pelo estabelecimento de um diálogo. Destaquemos um trecho do texto:

> AI, who owns you? Show me the money.
>
> AI, who will bear responsibility for your crimes?

---

[166] Disponível em: https://support.stocksy.com/hc/en-us/articles/8631710866708-Does-Stocksy-accept-AI-generated-content. Acesso em: 7 abr. 2024.

[167] "So that's very important to us that people are creating this content and uploading this content. Th member is doing that. This is just an ongoing conversation, ongoing research. Our league, all our tech tear and everybody is our board of directors. Everyone is talking about it because of course it's impacting ever industry and ours is part of that as well. So I can't really speak to it because I'm not in those conversation but it's obviously being talked about. Yeah, it's a big thing". Tradução nossa.

> AI, you are not God. Only God is God. Go away.
> Begone, evil spirit! No one wants you here.[168]

Por fim, duas iniciativas destacaram em suas respostas o ceticismo em relação à visão comumente disseminada de que a inteligência artificial poderia substituir os artistas. A Unijazz Brasil afirmou que não vê a IA superando apresentações artísticas ao vivo, pois reconhece um valor intrínseco nessas experiências que não pode ser substituído pela tecnologia. De modo semelhante, a Means TV declarou que não acredita que a IA eclipsará trabalhos que exigem sensibilidade humana, como a escrita.

Desse modo, apesar de termos encontrado apenas uma iniciativa com uso de inteligência artificial em sua infraestrutura tecnológica, podemos ver que o debate em torno de seus potenciais e riscos já se faz presente nesse universo. Temos diversos indícios de que o segmento cultural e artístico será um dos primeiros a ser mais afetado pela disseminação dos usos de IA, e será interessante acompanhar a reação das iniciativas a essas transformações.

De todas as iniciativas estudadas, duas estão mais próximas das discussões e aplicações de Blockchain. Primeiro, a DisCO Cooperative, que, na essência de sua fundação, tem uma proposição que busca reapropriar-se do conceito de Decentralized Autonomous Organizations (DAOs), propondo em seu lugar a noção de Distributed Cooperative Organizations. Assim, observamos a proposição de um deslocamento de "descentralizada" para "distribuída" e de "autônomas" para "cooperativas".

> Uma DisCO pode ser uma pequena cooperativa, uma organização de solidariedade social, um grupo de activistas, ou mesmo uma DAO ou uma ONG. A forma jurídica exata não importa. O que todas as DisCOs têm em comum é que criam coisas para partilhar: objetos, ideias, serviços, soluções, sistemas, ou arte, cultura e música, e fazem-no com amor, carinho e propósito. Os resultados finais de uma DisCO, incluindo as suas relações interpessoais, devem estar livres de danos sociais, desigualdade e devastação ecológica.[169][170]

---

[68] Disponível em: https://www.metapsychosis.com/ai/. Acesso em: 13 abr. 2024.

[69] Disponível em: https://basics.disco.coop/1-what-is-disco.html. Acesso em: 7 abr. 2024.

[70] "A DisCO can be a small cooperative, a social solidarity organization, a group of activists, or even a DAO or an NGO. The exact legal form doesn't matter. What all DisCOs have in common is they create things to share: objects, ideas, services, solutions, systems, or art, culture and music, and they do it with love, care and purpose. A DisCO's end results, including their interpersonal relationships, are meant to be free from social harm, inequality and ecological devastation". Tradução nossa.

A segunda iniciativa é a Cosmos Cooperative, que afirmou estar desenvolvendo um conceito para uma moeda comunitária chamada "Lit-Coin", que seria usada para incentivar e rastrear mão de obra em projetos colaborativos que podem não ser capitalizados antecipadamente. Entretanto, tal aplicação ainda se encontra em fase de reflexão, não fazendo parte das dinâmicas centrais da cooperativa. Além disso, seu fundador afirma ter tido um interesse inicial no Holochain Project[171] e investido em seu token, o Holo.

Em suma, é possível notar que as discussões em torno de Blockchain, NFTs e DAOs, que engajaram artistas no mundo todo, não estão apartadas do universo das organizações cooperativas e solidárias. Apesar de, para algumas delas, serem temas de acompanhamento distante, em outras já podemos ver discussões avançadas e mesmo tentativas de sua aplicação prática em seus trabalhos.

Neste capítulo, trouxe, a partir dos dados obtidos nas entrevistas com as 8 iniciativas, evidências concretas do que chamei de "arte da organização", que é o tratamento dado por esses projetos ao conceber seus modelos de governança como obras de arte. Busquei fornecer exemplos concretos das formas criativas e radicais com que essas experiências se organizam e experimentam novas maneiras de se estruturar. Com isso, procurei incentivar a emergência de novos modelos de governança que sejam pensados não com as mentalidades de gestores, mas de artistas.

Ao longo do capítulo, argumento que a governança de organizações é um fenômeno complexo e multifacetado. Cada modelo deve responder aos desafios de cada iniciativa, impostos por fatores como atividade, porte e recursos, sendo especialmente contingente nessas experiências, que, em sua maioria, ainda estão em fase de amadurecimento. Destaco três dimensões de seus modelos de governança: seus processos de tomada de decisões, suas formas de financiamento e suas infraestruturas tecnológicas.

Da primeira, enfatizo o desafio de operacionalizar o princípio da gestão democrática e exemplifico como elas encontraram maneiras de garantir legitimidade nas decisões coletivas na prática. Da segunda, reforço a importância de encontrarem formas de se sustentarem financeiramente e a relevância da diversificação de receitas. Da terceira, coloco em destaque as discussões emergentes em torno do advento de novas tecnologias e como elas estão sendo percebidas e apropriadas por essas experiências

---

[171] Disponível em: https://www.holochain.org/. Acesso em: 7 abr. 2024.

Em síntese, o objetivo deste capítulo é lançar a seguinte provocação: será que não esgotamos nossa imaginação em novas formas de organizar o trabalho por estarmos concebendo-as como modelos organizacionais? O que aconteceria se tratássemos nossos modelos de governança como obras de arte – criativas e radicais, sempre inacabadas e em constante experimentação? Já se proliferam ao redor do mundo grupos de artistas que buscam responder a essa pergunta não de forma teórica, mas prática. Todo o intuito desta obra foi tentar aprender com esses artistas.

No capítulo seguinte, apresento os oito casos ilustrativos das iniciativas que foram entrevistadas na pesquisa. Ele mantém continuidade com o anterior, na medida em que ilustra com imagens e exemplos aquilo que no outro apareceu em números e categorias. Nele, será oferecida uma introdução a cada uma delas, com uma apresentação inicial do que são e do que fazem. Assim, nos próximos capítulos, que se organizam por discussões temáticas, será possível mostrar como cada iniciativa contribui para o tema debatido, seja por suas perspectivas sobre cada temática, seja com elementos de suas experiências práticas.

5

A ECONOMIA SOLIDÁRIA IRRESISTÍVEL

> *Eu vejo o papel dos negócios ao serviço da arte,*
> *em vez da arte ao serviço dos negócios.*[172]
>
> (Cosmos Coop)

As experiências cartografadas apresentadas de forma mais quantitativa no capítulo anterior vão muito além de formulações conceituais; elas constituem organizações formadas por pessoas reais que desenvolvem trabalhos concretos. Elas empregam trabalhadores, produzem obras de arte e constituem fontes de renda para artistas. Assim como qualquer organização, não estão imunes a desafios, como os de encontrar a sustentabilidade financeira, manter seus produtos/serviços relevantes e se manterem atualizadas tecnologicamente. Todavia, a despeito desses desafios, elas seguem desenvolvendo seus trabalhos e demonstrando que experiências prefigurativas de uma economia baseada na cooperação e na solidariedade são possíveis.

Neste capítulo, apresento de forma ilustrativa os casos das oito iniciativas entrevistadas que, selecionadas dentre todas aquelas identificadas na cartografia, aceitaram colaborar com esta etapa para o aprofundamento dos achados da pesquisa. Nesta seção, passo por elas de forma panorâmica, como forma de aproximar o leitor de algumas das principais iniciativas e oferecer um pouco mais de palpabilidade ao objeto de análise. Portanto, algumas das informações a serem apresentadas de cada projeto são como se apresentam, qual o trabalho desenvolvido e o que as singulariza das demais.

---

[2] "I see the role of business to serve art, rather than art serving business". Tradução nossa.

5.1. Groupmuse: sua sala é o palco

Figura 5 – Home do site oficial da Groupmuse

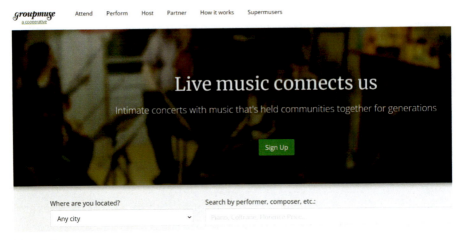

Fonte: Groupmuse

E se você pudesse hospedar ou assistir a pequenos shows musicais de artistas cooperativistas na sua própria residência? Essa é a proposta da Groupmuse, uma cooperativa de Nova Iorque fundada em 2013. Por meio de uma plataforma digital, ela conecta anfitriões que desejam oferecer espaço residencial para um pequeno show (intimate house concerts), artistas que têm a intenção de se apresentar (chamados de Supermusers) e ouvintes interessados em participar. Ao descrever como a plataforma funciona, afirmam:

> Concertos íntimos: São casuais e amigáveis. Qualquer um pode hospedar e qualquer um pode participar. As pessoas se reúnem no quintal ou na sala de estar de um anfitrião local, saem, fazem amigos e ouvem músicas alucinantes.[173]

Sua proposta é "trazer a música ao vivo de volta", especialmente após o período de pandemia, em que a necessidade de isolamento social impediu a realização de eventos. Um dos motivos que originou a criação da cooperativa foi a preocupação com os artistas que, impedidos de tocar em ambientes públicos, ficaram desprovidos de uma de suas principais fontes de renda. Essa preocupação também se expressa na sugestão feita

---
[173] Intimate concerts: They're casual and friendly. Anyone can host, and anyone can attend. People gather in local host's backyard or living room, hang out, make friends, and listen to mind-blowing music.

pela plataforma de que cada músico receba, como remuneração por cada apresentação, no mínimo U$ 20,00 (vinte dólares), ainda que essa seja apenas uma recomendação e o valor final seja definido pelo anfitrião (host).

Assim, um Groupmuse pode ser realizado por qualquer pessoa em qualquer lugar, embora haja uma maior concentração deles nos Estados Unidos, por ser o país de origem da organização. No momento da escrita desta seção, existem 67 Groupmuses com inscrições abertas, sendo 25 deles em Nova Iorque e apenas um fora dos EUA, em Berlim, na Alemanha. Apesar disso, também existem registros de encontros passados em Londres (Reino Unido), Toronto (Canadá) e Paris (França). Porém, tecnicamente, os encontros podem acontecer em qualquer lugar do mundo onde existam pessoas interessadas.

> *Para realmente amplificar isso e apoiar o maior número possível de eventos e, em particular, apenas tornar muito mais fácil para as pessoas fazerem e, portanto, ter um alcance de acesso mais amplo para que você não precise, tipo, já ter uma comunidade e dos participantes e também estar em rede com artistas e músicos locais. Tipo, você só precisa ter uma sala de estar e querer fazer um show em seu espaço e nós automatizaremos e tornaremos isso o mais fácil possível para você, para que possamos ativar milhares e milhares de pessoas para fazer isso. E então, obviamente, isso gera, você sabe, dinheiro para os artistas. A grande maioria do dinheiro vai para artistas.[174] (Entrevista Groupmuse).*

Sua proposta é "trazer a música ao vivo de volta", especialmente após o período de pandemia, em que a necessidade de isolamento social impediu que isso acontecesse. Durante a pandemia, devido à restrição dos encontros presenciais, os Groupmuses passaram a ocorrer online. Isso contribuiu para garantir alguma fonte de renda para os músicos. Com o fim da pandemia, os encontros presenciais retornaram. Em um artigo intitulado "Aqui está como foi um ano de COVID-19 para os músicos" (*Here Is What A Year Of COVID-19 Looked Like For Musicians*), são publicados os resultados de uma pesquisa realizada com os músicos sobre os impactos do Coronavírus em sua profissão.

---

[174] "To really amplify that and support as many of those happening as possible and in particular, just make it a ot easier for people to do and therefore have a broader reach of access so that you don't have to, like, already ave a community and of attendees and also be like networked in with local artists and musicians. Like you ust have to have a living room and want to have a concert in your space and we will kind of automate and make that as easy as possible for you so that we can activate thousands and thousands of people into doing hat. And then obviously that raises, you know, making money for artists. The vast majority of the money all oes artists". Tradução nossa.

> Em 787 Groupmuses[175] desde o início da pandemia em março de 2020 até agosto de 2021, os músicos ganharam US$ 335,000 no total, com uma média de US$ 430 por músico por evento até março de 2021. Agora, a média é de US$ 100 por músico por evento.[176]

Portanto, a experiência da Groupmuse, o primeiro caso ilustrativo aqui apresentado, é um exemplo de como é possível, de forma concreta, criar plataformas orientadas a gerar mais autonomia e melhores rendimentos para os artistas. Além de apresentar dados concretos que sustentam esse impacto, seus dez anos de existência também apontam que, nesses modelos, existe a possibilidade de encontrar a sustentabilidade.

5.2. Means TV: a Netflix dos trabalhadores

Figura 6 – Home da página oficial da Means TV

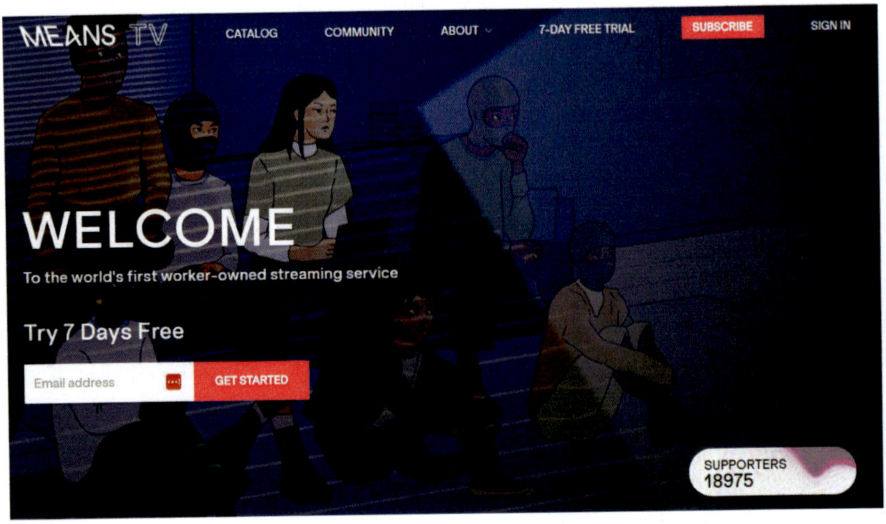

Fonte: Means TV

E se criássemos uma plataforma de streaming de vídeo, como a Netflix, mas gerida pelos seus próprios trabalhadores e orientada pelos princípios cooperativos? Essa é a proposta da Means TV[177], um serviço de

---

[175] É como são chamados os encontros da rede Groupmuse.

[176] "Across 787 groupmuses from the start of the pandemic in March 2020 to August 2021, musicians earned $335,000 total, averaging $430 per musician per event until March 2021. Now, the average is $100 per musician per event". Tradução nossa.

[177] Disponível em: https://means.tv/. Acesso em: 17 nov. 2023.

streaming anticapitalista criado em 2019 pelos cineastas Naomi Burton e Nick Hayes. A plataforma se define como "o primeiro serviço de streaming de propriedade de trabalhadores do mundo, com programas, filmes, notícias originais e muito mais"[178]. É curioso notar que se posicionam como "o primeiro", o que pode inferir que entendem haver uma tendência na criação de plataformas autogeridas e que são pioneiros nesse movimento.

> Means TV é o primeiro serviço de streaming pós-capitalista de propriedade dos trabalhadores do mundo.
>
> A Means TV possui uma biblioteca de filmes, documentários e programas com novas programações adicionadas o tempo todo. Também temos programas semanais ao vivo cobrindo notícias, classe trabalhadora, jogos e esportes. Tudo disponível para assinantes por US$ 10/mês em dispositivos desktop, móveis e smart TV, como Roku, Fire e Apple TV.
>
> Sem anúncios ou apresentação de produtos. Nunca houve patrocinadores corporativos ou dinheiro de capital de risco.
>
> Somos inteiramente financiados por pessoas como você.
>
> Juntos, estamos construindo uma infraestrutura de mídia duradoura, de propriedade dos trabalhadores, que reflete e empodera os 99%.[179]

Como podemos ver, duas características particulares são apresentadas de modo central: a organização ser de propriedade dos trabalhadores e o discurso anticapitalista. Em termos organizacionais, elas também se apresentam como uma cooperativa, tanto discursivamente quanto formalmente. Assim como a Groupmuse, fazem parte da U.S. Federation of Worker Cooperatives e afirmam seguir os princípios cooperativistas.

Dentre as iniciativas mapeadas e analisadas, uma de suas peculiaridades que chama a atenção é que, para além do discurso ligado ao cooperativismo e às políticas prefigurativas, ainda se pautam bastante pelo discurso anticapitalista. Isso porque, como veremos com mais pro-

---

[178] "The world's first worker-owned streaming service with original shows, movies, news and more". Tradução nossa.

[179] "Means TV is the world's first worker-owned, post-capitalist streaming service.

Means TV has a library of films, documentaries, and shows with new programming added all the time. We also have lived weekly shows covering news, the working class, gaming and sports. All available to subscribers for $10/month across desktop, mobile and smart TV devices like Roku, Fire and Apple TV.

No advertisements or product placements. No corporate backers or VC cash ever.

We're entirely funded by people like you.

Together, we're building a long-standing, worker-owned media infrastructure that reflects and empowers the 99%". Tradução nossa.

fundidade no próximo capítulo, as motivações para o modelo cooperativo nem sempre estão conectadas à luta contra o capitalismo. Existem níveis distintos de gradação – desde aquelas que situam a luta contra o regime atual de produção como central em sua missão, como é o caso da Means TV e, para citar outra, a comunidade Anticapitalism for Artists. Há também cooperativas que sequer esboçam alguma reação explícita ao capitalismo, posicionando-se apenas como um modelo diferente.

Esse discurso anticapitalista se manifesta no catálogo de conteúdos presentes na plataforma. Os formatos são os mais variados: encontram-se séries, filmes, programas, documentários, entre outros. Os conteúdos também são diversos: é possível encontrar desde um documentário sobre Salvador Allende, programas informativos sobre a guerra na Palestina até uma comédia animada entre um pai e seu filho questionador (Papa and Boy). Para ter acesso a eles, basta realizar uma assinatura mensal (U$ 10,00) ou anual (U$ 110,00), que dão acesso a todo o catálogo. Eles também afirmam que, caso uma pessoa interessada em acessá-la não possua esse valor, basta entrar em contato que providenciarão a assinatura por um valor acessível, incluindo a gratuidade. É oferecido também um período gratuito de teste de sete dias. No momento da escrita deste trabalho, a plataforma registra quase vinte mil apoiadores.

No caso da Means TV, assim como no da Groupmuse, vemos um exemplo de como é possível que trabalhadores criem e gerenciem suas próprias plataformas digitais. Podemos extrair que não precisamos negar a tecnologia das plataformas por estarem excessivamente contaminadas pela lógica do capitalismo de plataforma. Ao invés disso, podemos nos reapropriar das plataformas e oferecer mais autonomia e melhores condições – tanto para os trabalhadores da plataforma quanto para os artistas que nelas disponibilizam suas obras, e até para os consumidores. E, para isso, não é preciso reinventar a roda – boa parte de seus elementos é muito próxima daqueles encontrados nas plataformas corporativas – os recursos, os produtos, os serviços, as formas de cobrança, etc. – que se assemelham bastante. Suas principais diferenças estão na propriedade compartilhada e na gestão coletiva, que destoam da cada vez mais concentrada realidade do capitalismo de plataforma.

5.3. Unijazz Brasil: a união faz o jazz

Figura 7 – Banner da Unijazz Brasil

Fonte: site do Sistema OCB/RJ

E se nosso jazz fosse cooperativo? A Unijazz Brasil – Cooperativa de Profissionais da Música e Educação Musical é uma cooperativa musical brasileira sediada na cidade do Rio de Janeiro. Ela se apresenta como a primeira cooperativa brasileira de músicos do Brasil e tem por objetivo unir música e educação musical. Tivemos a oportunidade de conhecê-la pessoalmente na Conferência de Cooperativismo de Plataforma – Rio 2022, ocasião em que foi convidada para performar uma versão traduzida do Hino do Cooperativismo de Plataforma, escrito pela compositora americana Stefania de Kenessey.

A cooperativa trabalha com a produção e realização de shows e eventos educativos por meio de orquestra ou individualmente por seus associados em solenidades, feiras de negócios e eventos privados. Além disso, ensina música em escolas, projetos sociais e cooperativas, com o objetivo de capacitá-los para o mercado de trabalho. Dentre suas atividades, mencionam-se: apresentações musicais, concertos pedagógicos, oficinas de música, workshops, entre outros.

Dessa forma, buscam combinar os serviços musicais com atividades de pedagogia musical. Uma de suas iniciativas mais conhecidas foi o projeto "Transformando Sonhos"[180], no qual disponibilizou 160 vagas para aulas gratuitas de teoria e prática de diversos instrumentos. Por meio de projetos como esse, busca-se promover a inclusão social, direcionando-os para regiões como São Gonçalo, Méier e Mesquita.

Não foi encontrado um site oficial ativo; os links encontrados em seus perfis direcionam para páginas inexistentes. A página institucional oficial mais atualizada é o perfil no Instagram, onde são publicados registros de suas iniciativas, convites para atividades e mensagens gerais. Para a contratação de serviços e contatos gerais, encontrei um número de WhatsApp e um e-mail de contato. Apesar de suas redes sociais não receberem atualizações constantes, possuem perfis no Instagram, Facebook, YouTube e Telegram.

Cabe destacar a relevância da cidade do Rio de Janeiro na tradição cooperativa, expressa em marcos como o registro mais antigo de uma cooperativa brasileira, assinado pela princesa Isabel no gabinete do Paço Imperial. A praça situada entre o Paço e a atual sede do Sistema OCB/RJ passou, em 2022, a se chamar oficialmente "Praça do Cooperativismo". Neste ano (2023), a Unijazz lançou o videoclipe "Por um Rio de Janeiro mais Cooperativo"[181], com uma música que apela para a disseminação do cooperativismo pela cidade.

Do exemplo da Unijazz, pode-se destacar que é uma das cooperativas brasileiras de arte mais proeminentes e que ilustra bem o modelo brasileiro, muito calcado no cooperativismo tradicional e institucionalizado. Também por esse motivo, tendem a ser menos plataformizadas e, apesar de enxergarem os potenciais da tecnologia, sua adoção não é priorizada.

---

[180] Disponível em: https://rio.coop/2023/02/28/cooperativa-unijazz-brasil-abre-160-vagas-para-aulas-gratuitas-de-musica-2/. Acesso em: 31 maio 2023.

[181] Disponível em: https://www.youtube.com/watch?v=LCum8H_JIOE. Acesso em: 28 ago. 2023.

5.4. Art.coop: a economia solidária irresistível

Figura 8 – Banner da Art.coop

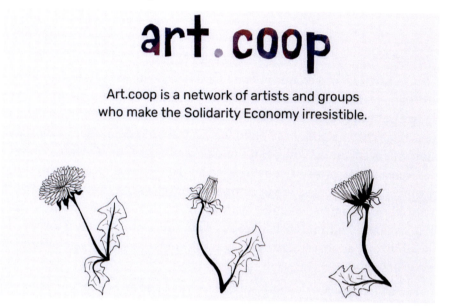

Fonte: Art.coop

E se do casamento da arte com a economia nascesse a solidariedade? A metáfora do título desta seção surgiu da entrevista com Natália Linares, uma das co-fundadoras da Art.coop. Ao falar sobre a experiência do projeto, que está intrinsecamente conectada à sua trajetória pessoal, ela destaca a curiosidade de ser uma organizadora de artistas casada com um economista de esquerda. Reflete sobre essa relação entre arte e economia, que, de modo geral, se apresenta como uma relação de poder, mas que, em seu caso particular, deu origem à solidariedade.

A iniciativa se define como "uma rede de artistas e grupos que tornam a Economia Solidária irresistível"[182]. Trata-se de uma comunidade com o objetivo de promover o crescimento da Economia Solidária, "centralizando o trabalho de mudança de sistemas liderado por artistas e portadores de cultura (culture bearers)". Isso é realizado por meio de estudos conjuntos, conexão de inovadores culturais, ampliação da pesquisa e movimentação de recursos financeiros para esses sistemas. Atualmente, contam com uma

---
[182] Disponível em: https://art.coop/. Acesso em: 28 ago. 2023.

equipe de seis pessoas que trabalham em dedicação parcial. A respeito de sua missão, afirmam...

> A Art.coop existe para apoiar artistas e portadores de cultura que estão fartos do nosso atual sistema de exploração no setor cultural e que sabem que existe uma forma melhor de trabalhar que de fato valoriza os criativos.[183]

A organização começou com a publicação de um relatório[184] encomendado pela Grantmakers in the Arts[185], uma associação de financiadores de arte públicos e privados, sobre "as maneiras pelas quais os financiadores de artes e cultura podem se envolver no trabalho de mudança de sistemas". Suas co-fundadoras, Natália Linares e Caroline Woolard, vinham de experiências profissionais ligadas à ES e também às artes, mas que se apresentavam como áreas compartimentalizadas, tanto em sua vida pessoal quanto na sociedade. Com significativa inserção no meio das filantropias estadunidenses, propuseram tal relatório com o intuito de sensibilizar e educar financiadores sobre como poderiam apoiar grupos artísticos solidários.

A constatação da especial precarização sofrida pelos artistas é o ponto de partida inicial da organização. Em diversos textos, a Art.coop reafirma a já citada expressão de que "os artistas são os trabalhadores de bico originais". Ela busca mostrar à comunidade artística que é possível construir uma carreira intermediária nas artes e que se deve buscar uma mudança no mercado de trabalho que escape à lógica do *the winner takes it all*", onde só se encontram artistas famintos (*starving artists*) ou estrelas (*sellouts*). As pessoas deveriam poder obter de sua criação artística o suficiente para viver bem, sem precisar ser empurradas para um desses extremos.

Desde a publicação do relatório, sua atuação está focada essencialmente em uma organização interna, de modo a estar preparada para dar novos passos enquanto organização. Entretanto, segue uma produção contínua de conteúdos sobre arte e economia solidária, dentre os quais posso mencionar: cursos online gravados[186] como "*No Starving Artists! No*

---

[183] "Art.coop exists to support artists and culture bearers who are fed up with our current system of exploitation in the cultural sector and who know there is a better way to work that actually values creative people". Tradução nossa.

[184] Disponível em: https://art.coop/#report. Acesso em: 28 ago. 2023.

[185] Disponível em: https://www.giarts.org/. Acesso em: 28 ago. 2023.

[186] Disponível em: https://creativestudy.com/solidarity-economy. Acesso em: 17 jan. 2024.

Sellouts!" e *"Everyone is Essential! Guaranteed Income"*; o podcast *"Remember the Future"*[187]; o evento presencial *"Art Worlds We Want"*[188,] e uma newsletter periódica. Esses conceitos buscam disseminar os princípios da economia solidária no meio criativo.

Dentre os casos analisados, a particularidade da Art.coop está em ser a iniciativa mais explicitamente aderente à economia solidária, em comparação às outras, que, em sua maioria, se apresentam mais marcadamente como alinhadas ao cooperativismo. Destaco a importância da sustentação do esquema de "Resistir e Construir" (*Resist and Build*), apontando para a complementaridade (e não concorrência) entre o trabalho dos movimentos sociais e das experiências prefigurativas.

5.5. Stocksy United: o banco de imagens com artistas no foco

Figura 9 – Banner da Stocksy United

Fonte: site da Stocksy United

E se as imagens que usamos fossem mais humanas e cuidadosamente selecionadas? É a partir dessa premissa que nasce a Stocksy United, uma cooperativa de banco de imagens e vídeos fundada em 2012 e sediada no Canadá. Ela é considerada um dos principais casos de sucesso em susten-

---

[187] Disponível em: https://art.coop/#podcast. Acesso em: 17 jan. 2024.

[188] Disponível em: https://www.instagram.com/p/CxOvMOwPc-8/. Acesso em: 17 jan. 2024.

tabilidade e escalabilidade dentre as cooperativas de plataforma. Possui 52 membros no time, além de 1.800 membros cooperadores espalhados por 83 países. São formalmente reconhecidos como uma cooperativa de plataforma multi-stakeholder. Em seu website, apresentam-se como:

> A Stocksy United é uma agência de fotos e vídeos inovadora e isenta de royalties que facilita a descoberta de imagens únicas e lindamente autênticas. Fundada como uma cooperativa, tudo o que fazemos é uma ousada celebração da arte.[189]

A cooperativa foi criada por Bruce Livingstone e Brianna Wettlaufer, também fundadores da iStock, que posteriormente foi comprada pela Getty Images por USD 50.000.000,00 (cinquenta milhões de dólares). Parte desse capital – USD 1.000.000,00 (um milhão de dólares) – levantado com a venda, foi utilizado para financiar a criação e a manutenção da Stocksy até que sua receita se tornasse capaz de gerar autossuficiência, o que levou dois anos. Ela funciona como uma plataforma de licenciamento de conteúdos, que ainda são de propriedade intelectual dos artistas, especialmente fotógrafos e filmmakers.

O principal diferencial apresentado pela plataforma em relação aos seus concorrentes, inclusive as plataformas capitalistas, é o fato de que todos os seus artistas e seu conteúdo (imagens e vídeos) são "selecionados a dedo" (*hand selected*). Com isso, prometem garantir uma curadoria altamente qualificada, dispensando seus clientes desse trabalho. Como outros diferenciais, mencionam o valor cooperativo, que assegura melhores condições de remuneração para os artistas, e uma política de conteúdo que privilegia "novas interpretações de conceitos contemporâneos e a correção de vozes sub-representadas"[190].

O caso da Stocksy contribuiu para a análise, especialmente ao demonstrar a capacidade da combinação entre investimento privado, governança cooperativa e tecnologia para a escalabilidade das experiências alternativas de governança do trabalho artístico. A iniciativa apresenta o valor demonstrativo de que é possível valorizar a arte e quem a produz, ao mesmo tempo em que se busca um modelo de negócios sustentável. Por fim, assim como o caso a ser apresentado a seguir, é interessante notar a

---

[189] "Stocksy United is an art-forward, royalty-free stock photo + video agency that makes discovering unique beautifully authentic imagery effortless. Founded as a cooperative, everything we do is a bold celebration o art". Tradução nossa.

[190] "Fresh interpretations of contemporary concepts and correcting for under-represented voices". Tradução nossa

importância dada a processos manuais e artesanais, especialmente em um mundo cada vez mais automatizado.

5.6. Artisans Cooperative: o cooperativismo artesão

Figura 10 – Banner da Artisans Cooperative

Fonte: Artisans Cooperative

E se pudéssemos conceber um cooperativismo artesanal? A Artisans Cooperative é uma cooperativa de artesanato formalizada no Estado de Oregon, nos Estados Unidos. Com lançamento público realizado em outubro de 2023, funciona como um *marketplace* cooperativo para artistas que desenvolvem trabalhos artesanais. Em seu site, apresenta-se como:

> Um mercado artesanal online para uma rede inclusiva de criativos. Somos uma cooperativa de propriedade de membros, administrada por membros e beneficiada por membros. Promovemos a criatividade, apoiamos os meios de subsistência dos artistas, criamos oportunidades para coletivos de arte de impacto social e conectamos pessoas por meio de uma comunidade artística equitativa.[191]

Portanto, esta se enquadra na categoria de *marketplace* mencionada anteriormente, em que artistas cooperativos podem usar sua plataforma para comercializar suas obras. Funciona como uma espécie de vitrine

---
[1] Disponível em: https://artisans.coop/about/. Acesso em: 31 maio 2023. Tradução nossa.

virtual na qual artesãos podem expor suas obras a potenciais clientes, possibilitando sua comercialização diretamente pela plataforma. Até seu lançamento público, apenas itens do financiador estavam disponíveis para venda, como uma estratégia de captação de recursos via financiamento. Também estava aberta a possibilidade de os primeiros interessados se registrarem como membros da cooperativa. Porém, a partir do lançamento em outubro de 2023, o marketplace continua operando com todas as suas funcionalidades previstas, e a cooperativa afirma estar investindo toda a sua energia em marketing, conforme descrito em seu plano de marketing disponível publicamente[192].

Assim como boa parte das primeiras cooperativas de plataforma, a iniciativa surge como uma alternativa direta a uma empresa já dominante em seu respectivo mercado. Assim, a Artisans se apresenta como uma alternativa à Etsy[193], uma plataforma de comércio eletrônico de produtos artesanais, com o diferencial de ser desenvolvida por e para os artistas. Para se diferenciar do modelo corporativo, afirmam os seguintes princípios:

1. cooperativa de propriedade de seus membros;
2. marketplace livre e justo;
3. inclusão;
4. autenticamente artesanal.

O exemplo da Artisans ilustra bem o modelo norte-americano das iniciativas estudadas. Elas tendem a se assemelhar ao empreendedorismo do Vale do Silício, porém inspiradas em princípios cooperativistas. Sua orientação para a captação de recursos é evidenciada por um modelo de negócios bem planejado e estruturado. Além disso, já surgem a partir da construção de uma plataforma digital. Vale destacar também a dedicação em construir uma presença digital forte por meio das redes sociais, com perfis ativos no Instagram, Facebook, LinkedIn, Mastodon, Discord e Reddit.

---

[192] Disponível em: https://blog.artisans.coop/blog/our-marketing-plan/. Acesso em: 31 maio 2023.

[193] Disponível em: https://www.etsy.com/. Acesso em: 31 maio 2023.

5.7. Cosmos Coop: a cosmogonia de universos cooperativos

Figura 11 – Home da Cosmos Coop

Fonte: Cosmos Coop

E se pudéssemos criar novos mundos cooperativos? É sob esse mote que foi criada a Cosmos Coop. A organização foi fundada em 2016 pelo editor e poeta Marco V. Morelli, em colaboração com um pequeno grupo de amigos, e é formalmente uma Associação Limitada Cooperativa (*Limited Cooperative Association*) reconhecida no estado do Colorado (EUA). Define-se como

> [...] uma plataforma de publicação e comunidade criativa de propriedade de membros cuja missão é inspirar, conectar e educar no processo de criação de um mundo mais bonito. Reunimos escritores, artistas, acadêmicos, criadores de mídia e construtores de comunidades visionários para colaborar em projetos transformacionais.[194]

Portanto, sua atuação está diretamente ligada a fortalecer as conexões entre trabalhadores criativos (em seus termos, "poetas e filósofos, cientistas e místicos, ativistas e ecologistas, artistas visuais e músicos") interessados nos princípios cooperativos. Isso é feito especialmente por

---

[194] "a member-owned publishing platform and creative community whose mission is to inspire, connect, and educate in the process of creating a more beautiful world. We bring together visionary writers, artists, scholars, media makers, and community builders to collaborate on transformational projects". Tradução nossa.

meio de um fórum disponível na plataforma (chamado poeticamente de *Infinite Conversations*), em que qualquer pessoa pode se tornar membro gratuitamente e dialogar com outros membros. Mas também por meio de uma série de vídeos temáticos (Cosmos Café), publicações (*Metapsychosis Journal, Untimely Books e Cosmos.Earth*), grupos de estudo e escrita (*Readers Underground e Writers Underground*). Toda a sua linguagem remete ao universo da poesia, da conversação e das reflexões cosmológicas.

A Cosmos Coop se destaca dos demais exemplos ilustrativos por seu enfoque na arte poética e ênfase nas conexões entre os artistas, além da compra e venda de bens e serviços monetizáveis. Sua estrutura remete diretamente ao formato tradicional da Web 1.0, marcada por blogs e diálogos textuais entre usuários, como ainda se preserva no Reddit e no Twitter/X. Sua manutenção é feita por meio de contribuições mensais ou anuais realizadas pelos Membros Mantenedores (*Sustaining Members*), que têm direito a benefícios exclusivos, apesar de não serem o principal destaque de seus canais e apresentações.

5.8. DisCO.coop: hora de trocar o disco da economia

Figura 12 – Banner da DisCO

Fonte: DisCO Cooperative

E se experimentássemos organizações descentralizadas, mas cooperativas? As DisCO são "organizações cooperativas descentralizadas" (*Distributed Cooperative Organizations*) nascidas na Espanha, mas que atuam de forma remota. Tal experiência surgiu a partir do trabalho desenvolvido pela Guerrilla Media Collective[195], uma cooperativa que presta serviços de tradução com foco em obras de caráter intelectual e político.

A proposta surge como uma alternativa às Organizações Autônomas Descentralizadas (DAOs), um modelo organizacional baseado em blockchain que se difundiu bastante no bull market do mercado cripto durante a pandemia. Ao contrário das DAOs, as DisCos são fundamentadas no cooperativismo, na Economia Feminista e nos conceitos de *Peer-to-Peer* (P2P) e Commons. Assim, surge, antes de tudo, como uma nova proposta conceitual, diferentemente dos outros casos que têm como objetivo (re)organizar o trabalho artístico. Seu surgimento parte da publicação de um manifesto. Sua visão é criar uma alternativa real e um contrapoder (*counterpower*) ao capitalismo predatório.

Como se objetivo, apresenta:

> O projecto DisCO visa criar protótipos de formas novas e radicais de propriedade, governação, empreendedorismo e contabilidade de valor destinadas a contrariar a desigualdade económica generalizada. Para tal, é necessária uma sinergia entre sectores claramente relacionados mas isolados que, com melhores alianças estratégicas, estarão bem equipados para enfrentar o futuro com soluções criativas e inclusivas.[196]

Em termos práticos, a organização publica relatórios, recursos e conteúdos, além de promover eventos para discutir seus temas de interesse. Seus projetos buscam apoiar o desenvolvimento de uma "DisCOnomia" (*DisCOnomics*) e a expansão do "DisCOverso" (*DisCOverse*), organizando-se em quatro componentes: 1) DisCO Floor: recursos educacionais online abrangentes e ferramentas jurídicas; 2) DisCO Deck: plataforma de modelagem de governança e rastreamento de valor; 3) DisCO Stack: ferramentas colaborativas para práticas DisCO; e 4) The DisCO Experience: DisCO LABS, eventos de pesquisa e divulgação. Dentre estes, destaco sua iniciativa "DisCO Labs", pequenos grupos distribuídos voltados para a "restauração social e ecológica" (*social and ecological restoration*) e a criação de "um efetivo contrapoder econômico" (*an effective economic counterpower*).

---

[195] Disponível em: https://guerrillamedia.coop/. Acesso em: 31 maio 2023.

[196] Disponível em: https://disco.coop/disco-project/. Acesso em: 31 maio 2023. Tradução nossa.

O exemplo das DisCOs, representando um modelo europeu de alternativas artísticas, aponta para a existência de organizações mais politicamente críticas e intelectualmente engajadas. Apesar de desenvolverem também projetos e iniciativas concretas, buscam contribuir teoricamente com reflexões sobre os principais temas da atualidade. Além disso, destacam-se pela rejeição a modelos unívocos, explorando as possibilidades de remix para a criação de alternativas originais e criativas.

Justamente por nascerem como uma formulação teórica, são a organização dentre as listadas com inspirações conceituais mais diversas e bem formuladas. Diferentemente da maioria, que emerge inspirada pelo cooperativismo e/ou economia solidária, as DisCOs nascem como um remix de uma série de movimentos, conceitos e análises tecnológicas. Além dos pressupostos já mencionados, afirmaram em entrevista ter influência da economia curda e do Confederalismo Democrático. Desse modo, são bastante próximas da pesquisa acadêmica, apesar de nenhum vínculo explícito a alguma instituição particular de ensino ou pesquisa.

Neste segundo capítulo, tivemos como objetivo apresentar de forma ilustrativa algumas das experiências alternativas de governança do trabalho artístico, a saber: Groupmuse, Means TV, Unijazz Brasil, Art.coop, Stocksy United, Artisans Cooperative, Cosmos Coop e DisCO.coop. De modo geral, identifiquei que essas iniciativas constituem potenciais alternativas à vigente plataformização do trabalho artístico, pois demonstram na prática como é possível criar e manter organizações baseadas na cooperação e na solidariedade, promovendo impactos concretos na vida dos artistas. Apesar de ainda estarem em estágio inicial, a heterogeneidade desses projetos indica que o modelo cooperativo pode funcionar nas diversas áreas do setor cultural. Pode ser que essas organizações não se tornem concorrentes significativos das plataformas capitalistas. Ainda assim, suas melhores condições de trabalho podem atrair cada vez mais artistas, contribuir para a conscientização das injustiças do atual modo de produção e fomentar a imaginação de novas relações entre tecnologia e trabalho que sejam mais democráticas e igualitárias.

Em suma, podemos verificar que, apesar de seu número reduzido e concentração geográfica, já existe um número expressivo e crescente de iniciativas no setor artístico que buscam conectar artistas e promover um trabalho mais democrático e igualitário. Considerando a demanda do trabalhadores culturais por redes de apoio e maior controle sobre suas produções, esses modelos encontram grande potencial de crescimento e diversificação dentro do setor criativo.

Para além destes exemplos existentes, é importante fomentar a criação e a experimentação de novos. Dentre os infinitos caminhos possíveis para tal, posso citar: 1) Identificar as necessidades dos artistas que não estão sendo satisfeitas; 2) Replicar de modo cooperativo e solidário modelos corporativos e capitalistas; 3) Identificar demandas de trabalhadores artísticos que ainda não estão sendo atendidas. Para criá-los, precisamos pensar como artistas!

CONSIDERAÇÕES FINAIS

Em suma, nesta obra, analisei experiências que estão na intersecção entre economia solidária e trabalho artístico. Movido inicialmente pela curiosidade sobre tais experiências que via se proliferarem, encontrei todo um universo de artistas que estão experimentando novas formas de organizar o trabalho. Minha opção metodológica nessa empreitada foi pelo método indutivo: ao invés de partir de reflexões e discussões teóricas para depois buscar evidências delas na realidade, busquei começar seguindo as experiências para onde elas me levassem. Assim, comecei observando cooperativas de plataforma no segmento das artes, que era o objeto com o qual tinha mais proximidade. Ao seguir esse objeto, fui levado a uma multiplicidade muito maior de experiências baseadas na cooperação e na solidariedade organizadas por trabalhadores artísticos. Elas provocaram reflexões sobre temas como trabalho artístico, cooperativismo, economia solidária, modelos de governança, inteligência artificial, blockchain e muito mais.

No Capítulo 1, destaquei a descoberta da quantidade e a multiplicidade de projetos estudados. Foram identificadas mais de cem organizações de artistas baseadas na cooperação e na solidariedade, o que indica que não se trata de um fenômeno isolado, mas de um movimento emergente e abrangente. Apesar de compartilharem certos princípios básicos, em especial a gestão coletiva e a propriedade compartilhada, apresentam uma ampla diversidade de formas organizacionais, ramos artísticos, nacionalidades e portes. A riqueza dos dados empíricos obtidos nesta seção foi fundamental para dar concretude às discussões desenvolvidas nos capítulos seguintes.

No Capítulo 2, compreendi mais a fundo quem é esse sujeito por trás dessas iniciativas: o trabalhador artista. A opção pela expressão "trabalhador artístico" e não apenas "artista" teve o propósito de reforçar e iluminar sua dimensão de trabalhador. Isso se faz importante, especialmente no momento em que o sistema capitalista exige de todos nós "sermos artistas", enquanto, ao mesmo tempo, esconde a dimensão do primeiro termo da expressão – a de trabalhadores que somos. Se os aspectos criativos e artísticos nunca estiveram tão em evidência, essa atenção não é acompanhada da valorização de quem atua com eles. As promessas de autonomia e realização pessoal buscam esconder as condições de profunda dependência e exploração dos artistas nas plataformas digitais.

No Capítulo 3, dei um passo além ao observar os conceitos, princípios e valores inspiradores dessas iniciativas. Apesar de haver profundas proximidades históricas entre o cooperativismo e a economia solidária, assistimos, nos últimos anos, a um afastamento e distinção enquanto movimentos relativamente autônomos. Isso pode ser observado nas diferenças de representação institucional, nas pautas prioritárias e nos arranjos jurídicos dominantes entre seus atores representantes. Contudo, destaquei também que a pauta da tecnologia e da economia digital têm funcionado como um possível vetor de aproximação entre essas correntes, pois ambos começam a reconhecer a necessidade de pensar o tema sob a ótica da cooperação e da solidariedade.

No Capítulo 4, analisei as iniciativas entrevistadas, buscando evidências de uma "governança como arte". Nos processos de tomada de decisão, identifiquei o desafio de operacionalizar o princípio de gestão coletiva, além das formas práticas encontradas para buscar o consentimento e a representação. Em relação às fontes de financiamento, observei uma diversidade de recursos disponíveis, com suas respectivas limitações, e o horizonte da autosustentabilidade por meio da oferta de produtos e serviços. Quanto às infraestruturas tecnológicas, percebi uma atenção crítica às tecnologias empregadas e criticadas na produção artística, com reflexões iniciais sobre seus potenciais e riscos.

Por fim, no Capítulo 5, pude dar cor e forma aos dados quantitativamente apresentados anteriormente. Ao apresentar oito casos ilustrativos com semelhanças e diferenças entre si, consegui me aproximar do objeto com mais intimidade. Além dos dados de pesquisa, analisei projetos concretos formados por pessoas, processos e infraestruturas. Essas iniciativas têm nome, data de início, lugar de nascimento e colaboradores – são organizações reais. A Groupmuse, a Means TV, a Unijazz Brasil, a Art.coop, a Stocksy United, a Artisans Cooperative, a Cosmos Coop e a DisCO Cooperative, cada uma à sua maneira, buscam trazer a produção e circulação de arte de volta para as mãos dos artistas. Longe de serem os melhores exemplos a serem seguidos ou as "experiências que deram certo", elas têm seu valor ao demonstrar na prática que é possível criar alternativas.

Como principal achado da pesquisa, encontrei a instigante perspectiva de uma relação recursiva entre a "arte da organização" e a "organização da arte", ao tratarem seus modelos de governança como obras de arte que devem ter a mesma criatividade e radicalidade de suas criações. Assim, ao invés de partirem de modelos de negócios e encaixarem as obras de arte como produtos deles, esses artistas-organizacionais seguem seu processo criativo até encontrarem quais arranjos organizacionais os potencializam. Para nós, a relevância desse movimento emergente está não apenas em demonstrar formas alternativas de organizar o trabalho no campo artístico, mas por constituírem "políticas prefigurativas" (Monticelli, 2022) capazes de fomentar nossa "imaginação radical" (Khasnabich; Haven, 2014) para a criação de novos mundos do trabalho na economia digital.

Logo, argumentei encontrar na parte o todo, em experiências localizadas e singulares, caminhos para a sociedade ampla. Se foi possível ao capitalismo criar uma sociedade baseada na competição, e o ser humano é produto desse contexto, é também possível recriá-los com base na cooperação e solidariedade. O estranhamento produzido ao observar essas iniciativas ocorre por divergirem do que se espera de uma forma racional de ser e agir no mundo da competição. Compartilho da crença de Paul Singer de que esses princípios, ao se tornarem a base do meio social, podem criar um novo ser humano.

> [...] é possível criar um novo ser humano a partir de um meio social em que cooperação e solidariedade não apenas serão possíveis entre todos os seus membros mas serão formas racionais de comportamento em função de regras de convívio que produzem e reproduzem a igualdade de direitos e de poder de decisão e a partilha geral de perdas e ganhos da comunidade entre todos os seus membros. (Singer, 2002, p. 116).

Não abraço com um entusiasmo cego os públicos e movimentos aqui estudados, como se fossem os únicos relevantes e capazes de indicar formas mais justas e democráticas de organizar o trabalho no século XXI. Acredito que devemos olhar para os artistas, pois eles têm algo especial a dizer sobre nossas formas de fazer negócios, e não apenas sobre questões do universo das artes. Contudo, considero igualmente importante observar outros trabalhadores extremamente precarizados, como os entregadores e motoristas de aplicativos. Também julgo pertinente, na mesma medida, movimentos como os das lutas por direitos desses trabalhadores ou os trabalhos em torno da regulação das plataformas de trabalho. Assim, olho especificamente para uma parte, considerando-a importante, mas sem perder a dimensão do todo das lutas e experiências contra e para além da exploração e alienação do trabalho.

Certamente, esta pesquisa não se encerra com a concretização desta publicação. Mais do que fornecer respostas, levantou ainda mais perguntas que poderão ser respondidas em trabalhos futuros, seja por mim ou por colegas que possam se interessar por tais questões. Existem experiências não mapeadas por mim em regiões mais distantes e em línguas desconhecidas? Quais são as oportunidades e desafios apresentados pelo contexto brasileiro para a expansão dessas experiências em território nacional? Como os governos podem fomentar esse ecossistema? Quais são as possíveis reapropriações cooperativas e solidárias de tecnologias como a IA? Estas são apenas algumas das questões que permanecem em aberto e oferecem oportunidades para o desdobramento da presente pesquisa.

Em último lugar, esta obra foi subjetivamente motivada por um profundo interesse pessoal na vida dos artistas. Sempre me gerou admiração existirem pessoas que extraem seus meios de sobrevivência de seu âmago criativo, e não de sua força física ou habilidade racional. Não considero ser fruto do acaso o fato de a minha primeira experiência com pesquisa, possibilitada por um Projeto de Iniciação Científica (PIC) desenvolvido ainda no colégio, ter sido um estudo sobre a relação entre a vida e a obra do Cazuza. Os grandes artistas costumam tomar suas próprias vidas como obras de arte, e por isso apresentam também grandes vidas (não necessariamente longas). Se a apenas alguns é reservado o privilégio (e sacrilégio) de viver de sua arte, que todos nós sejamos um pouco artistas na relação com nossas próprias vidas.

REFERÊNCIAS

ALVEAR, Celso Alexandre; NEDER, Ricardo; SANTINI, Daniel. ECONOMIA SOLI-DÁRIA 2.0: por um cooperativismo de plataforma solidário. **P2P E INOVAÇÃO**, *[s. l.]*, v. 9, n. 2, p. 42–61, 2023.

ART.COOP. **Site oficial**. [20--?]. Disponível em: https://art.coop/. Acesso em: 10 abr. 2024.

ARTISANS COOPERATIVE. **Site oficial**. 2025. Disponível em: https://artisans.coop/. Acesso em: 17 mar. 2025.

BECKER, Howard S. Arte como Ação Coletiva. *In:* **Uma Teoria da Ação Coletiva**. Rio de Janeiro: Zahar Editores, 1977.

BECKER, Howard. Mundos da Arte. Lisboa: **Livros Horizonte**, 2010.

BENJAMIN, Walter. **A obra de arte na época de sua reprodutibilidade técnica**. Porto Alegre: Zouk, 2014.

BOLTANSKI, Luc; CHIAPELLO, Éve. **O Novo Espírito do Capitalismo**. São Paulo: Martins Fontes, 2009.

BOURDIEU, Pierre. **As regras da arte:** Gênese e estrutura do campo literário. São Paulo: Cia das Letras, 1996.

COSMOS COOPERATIVE. **Site oficial**. [20--?]. Disponível em: https://cosmos.coop/. Acesso em: 15 jul. 2022.

CUSTÓDIO, Túlio Augusto Samuel. **Ilusões perdidas**: a degradação, a deterioração do trabalho e o discurso empreendedorialista em um estudo sobre trabalhadores criativos autônomos da indústria criativa no século XXI. 2023. Tese (Doutorado em Sociologia) – Faculdade de Filosofia, Letras e Ciências Humanas, Universidade de São Paulo, São Paulo, 2023.

DE CONTO, Mário. O tratamento constitucional das Sociedades Cooperativas pelo Direito Brasileiro. **Cooperativismo e Economia Social**, v. 37, p. 115 137, 2015.

DE PEUTER, Greig. Beyond the Model Worker: Surveying a Creative Precariat. **Culture Unbound:** Journal of Current Cultural Research, v. 6, p. 263-284, 2014.

DE PEUTER, Greig; DREYER, Bianca; SANDOVAL; Marisol; SZAFLARSKA, Aleksandra. **Sharing Like We Mean It:** Working Co-operatively in the Cultural and Tech Sectors. Disponível em: https://culturalworkersorganize.org/wp-content/uploads/2021/01/Sharing-Like-We-Mean-It-Web.pdf. Acesso em: 15 jul. 2022.

DELEUZE, Gilles; GUATTARI, Félix. **Mil platôs 1:** capitalismo e esquizofrenia. São Paulo: Ed. 34/1995, 4ª reimpressão, 2006.

DIJCK, José van; POELL, Thomas; DE WALL, Martijn. **The Platform Society** – Public Values in a Connective World. Oxford: Oxford University Press, 2018.

DISCO.COOP. **Site oficial**. [20--?]. Disponível em: https://disco.coop/. Acesso em: 15 jul. 2022.

DREYER, Bianca; DE PEUTER, Greig; SANDOVAL; Marisol; SZAFLARSKA, Aleksandra. **The Co-operative Alternative and the Creative Industries**: A Technical Report on a Survey of Co-operatives in the cultural and technology sectors. Disponível em: https://culturalworkersorganize.org/wp-content/uploads/2020/12/The-Cooperative-Alternative-Technical-Report-Web.pdf. Acesso em: 10 abr. 2024.

DUFFY, Brooke Erin; MEISNER, Colten. Platform governance at the margins: Social media creators' experiences with algorithmic (in)visibility. **Media, Culture & Society**, v. 45, ed. 2, p. 285-304, 2023.

ELIAS, Norbert. **Mozart, sociologia de um gênio**. Rio de Janeiro: Zahar, 1995.

FLORIDA, Richard. **The Rise of the Creative Class**. New York City: Basic Books, 2012.

FOLETTO, Leonardo. A cultura é livre: uma história da resistência antipropriedade. São Paulo: **Autonomia Literária**, 2021.

GEHL, Robert. The digital covenant: non-centralized platform governance on the mastodon social network. **Information, Communication & Society**, v. 26, ed. 16, p. 3275–3291, 2023.

GIBLIN, Rebecca; DOCTOROW, Cory. **Chokepoint Capitalism:** How Big Tech and Big Content Captured Creative Labor Markets and How We'll Win Them Back. Boston: Beacon Press, 2022.

GORWA, Robert. What is platform governance? **Information, Communication & Society**, v. 22, ed. 6, p. 854–871, 2019.

GROHMANN, Rafael. Cooperativas de Jornalistas na Ibero-América: mapeamento e reflexões metodológicas. **Estudos em Jornalismo e Mídia**, v. 19, n. 2, jul./dez. 2022. Disponível em: https://periodicos.ufsc.br/index.php/jornalismo/article/view/85350/52451. Acesso em: 22 dez. 2023.

GROHMANN, Rafael. Cooperativismo de plataforma e suas contradições: análise de iniciativas da área de comunicação no Platform.Coop. **Liinc em Revista**, Rio de Janeiro, v.14, n.2, p. 19-32, maio 2018. Disponível em: http://revista.ibict.br/liinc/article/view/4149. Acesso em: 10 set. 2019.

GROHMANN, Rafael. Not just platform, nor cooperatives: worker-owned technologies from below. **Communication, Culture and Critique**, v. 16, ed. 4, p. 274–282, 2023. Disponível em: https://academic.oup.com/ccc/article-abstract/16/4/274/7339750. Acesso em: 22 dez. 2023.

GROHMANN, Rafael. Os rastros digitais na circulação de sentidos: pela desnaturalização e contextualização de dados na pesquisa em comunicação. **Galaxia** (São Paulo, online), n. 42, p. 150-163, 2019.

GROHMANN, Rafael. Plataformização do trabalho: entre a datificação, a financeirização e a racionalidade neoliberal. **Revista Eptic**, Sergipe, v. 22, n. 1, p. 107-122, jan-abr 2020. Disponível em: https://seer.ufs.br/index.php/eptic/article/view/12188/10214. Acesso em: 15 jul. 2022.

GROHMANN, Rafael. Trabalho Digital: o papel organizador da comunicação. **Comunicação, Mídia e Consumo**, São Paulo, v. 18, n. 51, p. 166-185, jan-abr 2021. Disponível em: http://revistacmc.espm.br/index.php/revistacmc/article/view/166. Acesso em: 15 jul. 2022.

GROHMANN, Rafael; SALVAGNI, Julice. **Trabalho por plataformas digitais**: do aprofundamento da precarização à busca por alternativas democráticas. São Paulo: Edições Sesc, 2023.

GROUPMUSE. **Site oficial**. [20--?]. Disponível em: https://www.groupmuse.com/. Acesso em: 15 jul. 2022.

HAIVEN, Max; KHASNABISH, Alex. **The radical imagination**. Londres: Zed Books, 2010.

HESMONDHALGH, David; BAKER, Sarah. **Creative labour: Media work in three cultural industries**. Nova Iorque: Routledge, 2011.

INTERNATIONAL LABOUR ORGANIZATION – ILO. **Platform labour in search of value:** A study of worker organizing practices and business models in the digital economy. Geneva: ILO, 2021. Disponível em: https://www.ilo.org/wcmsp5/groups/public/---ed_emp/---emp_ent/---coop/documents/publication/wcms_809250.pdf. Acesso em: 15 mar. 2023.

KELLER, Paulo. O TRABALHO DO ARTISTA: Investigação social das relações de trabalho na produção musical contemporânea. **Anais VIII Jornada Internacional Políticas Públicas**, São Luiz, 22 a 25 de Agosto de 2017. Disponível em: https://www.joinpp.ufma.br/jornadas/joinpp2017/pdfs/eixo2/otrabalhodoartista investigacaosocialdasrelacoes detrabalhona producaomusical contemporane.pdf. Acesso em: 10 abr. 2024.

LACERDA, Márcia; FRONZA, Claudia; SCHIOCHET, Valmor. Educomunicar e Comitê Solidariedade· fomentando redes de economia solidária em meio à crise do covid-19. Extensão Tecnológica: **Revista de Extensão do Instituto Federal Catarinense**, Blumenau, v. 8, n. 16, p. 233–245, 2021.

LINARES, Natalia; WOOLARD, Caroline. **Solidarity Not Charity:** Arts & Culture Grantmaking in the Solidarity Economy. Disponível em: https://www.giarts.org/solidarity-not-charity. Acesso em: 10 abr. 2024.

LIPOVETSKY, Gilles & SERROY, Jean. A estetização do mundo: Viver na era do capitalismo artista. São Paulo: **Companhia das Letras**, 2015.

MANIFESTO. **Manifesto sobre a Regulação do Trabalho Controlado por "Plataformas Digitais":** pela garantia de direitos dos trabalhadores e trabalhadoras no Brasil. Disponível em: http://abet-trabalho.org.br/manifesto-sobre-a-regulacao-do-trabalho-controlado-por-plataformas-digitais-pela-garantia-de-direitos-dos-trabalhadores-e-trabalhadoras-no-brasil/. Acesso em: 20 nov. 2023.

MCROBBIE, Angela. **"Everyone is Creative":** Artists as Pioneers of the New Economy? Disponível em: http://www.k3000.ch/becreative/texts/text_5.html. Acesso em: 10 abr. 2024.

MEANS TV. **Site oficial.** 2025. Disponível em: https://means.tv/. Acesso em: 17 mar. 2025.

MENGER, Pierre-Michel. Artists as workers? Theoretical and methodological challenges. **Poetics**, v. 28, ed. 4, p. 241-254, 2001.

MENGER, Pierre-Michel. **O retrato do artista enquanto trabalhador**: metamorfoses do capitalismo. Lisboa: Roma, 2005.

MENGER, Pierre-Michel. **The Economics of Creativity: Art and Achievement under Uncertainty**. Londres: Harvard University Press, 2014.

MONTICELI, Lara (org.). **The Future is Now:** An Introduction to Prefigurative Politics. Bristol: Bristol University Press, 2022.

NIEBORG, D.; POELL, T. The platformization of cultural production: Theorizing the contingent cultural commodity. **New Media & Society**, v. 20, n. 11, p. 4275-4292, 2018.

NIEBORG, David; POELL, Thomas; DUFFY, Brooke. **Platforms and Cultural Production**. Cambridge: Polity Press, 2021.

OBSERVATÓRIO DO COOPERATIVISMO DE PLATAFORMA. **Mapa das cooperativas de comunicadores.** Disponível em: https://cooperativismodeplataforma.com.br/mapa/. Acesso em: 11 jul. 2022.

PLATFORM COOPERATIVISM CONSORTIUM. **Platform Coop Directory**. Disponível em: https://directory.platform.coop/. Acesso em: 11 jul. 2022.

POELL, Thomas; NIEBORG, David; DIJCK, José van. Platformisation. **Internet Policy Review**, v. 8, ed. 4, p. 1-13, 2019.

QUIÑA, Guillermo. Precariedade criativa: as condições de trabalho da produção musical independente em Buenos Aires. *In:* SEGNINI, Liliana; BULLONI, María (org.). **Trabalho artístico e técnico na indústria cultural**. São Paulo: Itaú cultural, 2016.

SANDOVAL, Marisol. Enfrentando a Precariedade com Cooperação: cooperativas de trabalhadores no setor cultural. **Revista Parágrafo**. v. 5, n. 1, p. 111-127, 2017. Disponível em: http://revistaseletronicas.fiamfaam.br/index.php/recicofi/article/view/567. Acesso em: 15 set. 2019.

SANDOVAL, Marisol. Entrepreneurial Activism? Platform Cooperativism Between Subversion and Co-optation. **Critical Sociology**, v. 46, n. 6, p. 1-17, nov. 2019. Disponível em: https://journals.sagepub.com/doi/pdf/10.1177/0896920519870577. Acesso em: 15 set. 2019.

SANDOVAL, Marisol. From passionate labour to compassionate work. In: Cultural co-ops, DWYL and social change. **European Journal of Cultural Studies**, Londres, v. 21, n. 2, ago 2018. Disponível em: https://journals.sagepub.com/doi/abs/10.1177/1367549417719011. Acesso em: 15 set. 2019.

SCHNEIDER, Nathan. **Everything for Everyone:** The Radical Tradition that Is Shaping the Next Economy. Nova Iorque: Bold Type Books, 2018.

SCHNEIDER, Nathan; SCHOLZ, Trebor. **Ours to hack and to own**. New York and London: OR Books, 2016.

SCHOLZ, Trebor. **Cooperativismo de plataforma:** contestando a economia do compartilhamento corporativa. São Paulo: Fundação Rosa Luxemburgo, 2017.

SEGNINI, Liliana. ARTE, POLÍTICAS PÚBLICAS E MERCADO DE TRABALHO. **Anais SIMPOSIO INTERNACIONAL PROCESO CIVILIZADOR**, Buenos Aires v. 11, p. 545-557, 2008.

SEGNINI, Liliana. Criação rima com precarização: Análise do Mercado de Trabalho artístico no Brasil. **Anais Congresso Brasileiro de Sociologia**, 2007. Disponível em: https://idanca.net/wp-content/uploads/2008/03/liliana.pdf. Acesso em: 22 dez. 2023.

SEGNINI, Liliana; BULLONI, María (org.). **Trabalho artístico e técnico na indústria cultural**. São Paulo: Itaú Cultural, 2016.

SICILIANO, Michael. **Creative Control:** The Ambivalence of Work in the Culture Industries. New York: Columbia University Press, 2022.

SINGER, P. **Introdução à economia solidária**. São Paulo: Fundação Perseu Abramo, 2002.

SRNICEK, Nick. **Platform capitalism**. Cambridge: Polity Press, 2016.

STOCKSY UNITED. **Site oficial**. [20--?]. Disponível em: https://www.stocksy.com/. Acesso em: 15 jul. 2022.

U.S. FEDERATION OF WORKER COOPERATIVES; DEMOCRACY AT WORK INSTITUTE. **Directory of worker co-ops and democratic workplaces**. Disponível em: https://www.usworker.coop/directory/. Acesso em: 15 jul. 2022.

UNIJAZZ. **Conta no Instagram**. Disponível em: https://www.instagram.com/unijazzbrasil_oficial/. Acesso em: 15 jul. 2022.

WOLFF, Janet. **A produção Social da Arte**. Rio de Janeiro: Zahar, 1982.

ZANATTA, Rafael. **Cooperativismo de Plataforma no Brasil:** Dualidades, Diálogos e Oportunidades. Rio de Janeiro: Instituto de Tecnologia e Sociedade (ITS Rio), 2022.

ZANATTA, Rafael. **Cooperativismo de plataforma ou plataformização solidária?** Disponível em: https://www.researchgate.net/publication/375798874_Cooperativismo_de_plataforma_ou_plataformizacao_solidaria. Acesso em: 22 dez. 2023.